コロナ後の地方自治

日本地方自治研究学会 編

清文社

発刊にあたって

　ほぼ4年間にわたる新型コロナウイルスCOVID-19の感染拡大が収束しつつあるこの時期に、日本地方自治研究学会40周年記念誌を発刊することになりました。記念誌の発刊にあたり、学会誌の編集委員としてご活躍いただいた千葉貴律先生（研究推進委員長）に編集委員長をお願いし、旧委員に編集のご尽力をいただきました。

　今回発刊する記念誌は、従来と異なって、共通テーマを「コロナ後の地方自治」と定めて、事前に執筆者を決定せず、個別の研究課題を投稿者に委ねる形で広く会員に公募させていただいたものです。テーマに共感する会員から執筆希望が寄せられ、最終的に10本の研究論文を収録することになりました。

　企画の狙いは、COVID-19の感染拡大とそれに対する関係者の対応、その中で引き起こされた混乱を経験して、コロナ後の地方自治がどのように変化していくかを明らかにすることにあります。

　COVID-19の感染拡大によって、最前線に立った地方自治の現場は大きな混乱を生みました。平時はあまり目立つことが少ない公衆衛生に関わる部署が、感染症対策の最前線となって、感染予防、感染者の追跡、入院手配、予防接種等の業務に繁忙を極めました。また国と地方との関係においても、情報伝達、緊急事態宣言の発布等を巡って様々な混乱がありました。地域社会も、就労、住民生活、教育育児、文化行事などに亘って大きな影響を受けました。それらから浮かび上がる課題は、集権と分権、制度とオペレーション、公助と共助・自助、伝統と革新など、様々な角度からの分析が可能です。

　感染症法の分類が2類から5類に引き下げられて一年が経過し、未だ完全な収束には至っていませんが、社会の活動や人々の生活は、漸く感染前の状態に戻りつつあります。長い歴史を持つ地方自治の制度やその内容が一夜にして変わるということはありません。しかしながら、歴史が明らかにする如く、これまでにも感染症は世界に大きな社会変化を引き起こしてきました。たとえ今現

れた事象の変化は小さくても、やがて大きな変化となる可能性があります。

　実際、総理大臣の諮問を得て開かれた第33次地方制度調査会の答申を受けて、個別法が想定しない緊急事態の際に、国が地方自治体に対して法的拘束力を持つ指示権の行使できるようにする地方自治法の改正法案が今国会で成立しました。巨大な自然災害や予期せぬ社会変動などに備えて、地方自治法に緊急事態への対応を織り込むことは地方自治の科学化、近代化に資するものであります。他方で、国の地方自治体に対する指示権の一般法化は、地方自治の民主化を一歩後退させる危険もあります。法案成立後も、地方分権改革の成果が損なわれることないように見守っていく必要があります。

　地方自治研究は、時代の変化とともに現れる新しい社会課題の解決に取り組む一面と、普遍的な理論研究の一面があります。何れの側面についても、研究の先に普遍的な事実の発見と理論的あるいは実践的な示唆が求められています。

　国が存続して地方自治制度が続く限り、社会の変化とともに地方自治のあり方も移り変わります。地方自治研究の進化と深化、言い換えれば、住民の福祉向上を目的とする地方自治を伸ばして活かすことに向けて、我々の役割は終わることはありません。

　COVID-19の影響は広い範囲に及び、本記念誌が扱う個別テーマは限られておりますが、学術研究として世に問うところです。広い範囲の読者の方に読んでいただき、今後の地方自治に幾ばくかの貢献がなされることを願っています。

2024年6月

日本地方自治研究学会会長
橋本　行史

目　　次

発刊にあたって

第1章　新型コロナウイルス感染症流行下における
　　　　現金給付施策 …………………………………… 原田　悠希　1
　　　　──中央地方関係の変容に着目して──

第2章　地方債市場における制度変化 ……………………… 稲生　信男　17
　　　　──総務省の資源に注目して──

第3章　感染症パンデミック時における
　　　　地方税の期限延長規定の運用の在り方 ………… 小林　伸幸　33
　　　　──法人事業税に係る申告納付期限の延長を素材として──

第4章　アフターコロナの地方自治体の
　　　　個人情報保護法制 ……………………………………… 上拂　耕生　49

第5章　ポストコロナ期に問われる地方自治 ……………… 橋本　行史　67
　　　　──公衆衛生からみた国と地方の関係──

第6章　コロナ・パンデミック以後の地方創生 …………… 明石　照久　85
　　　　──ICT活用の可能性と課題：ソーシャル・キャピタルの視点から──

第7章　自治体DXに向けたデジタル資源のシェア ……… 竹下　智　105

第8章　パンデミックの影響と地域再生 …………………… 梅村　仁　123
　　　　──米国・ポートランド市を事例に──

第9章　第3次国土形成計画、デジタル田園都市国家構想と
　　　　これからの地域ガバナンス ………………………… 黒木　誉之　141
　　　　──ソーシャル・キャピタル、サードプレイス、ナッジ理論の観点から──

第10章　公共サービスの展開とイノベーション ………… 小松　陽一　159

あとがき

第1章

新型コロナウイルス感染症流行下における現金給付施策
――中央地方関係の変容に着目して――

原田　悠希
（東海大学政治経済学部特任講師）

第1節　はじめに

　新型コロナウイルス感染症（以下「新型コロナ」という。）は、2020（令和2）年1月15日に国内で最初の感染者が確認されて以降、急速に拡大した。感染拡大を防止するため、同年4月7日には緊急事態宣言が発出されることとなり、新型コロナの流行は、社会・経済活動にも大きな影響を与えることとなった。甚大な影響を受けた社会・経済活動の早期の回復や安定を図り、国民の暮らしや仕事を守る観点から、政府が臨時の財政支出を伴う様々な対策を講じたことは記憶に新しい。

　この政府による対策の一環として、新型コロナ流行下においては、個人や世帯に対する経済的な支援を行うための現金給付施策が数多く打ち出されることとなった。感染拡大初期（2020（令和2）年4月）に実施が決定された特別定額給付金（国民1人当たり一律10万円を給付）では、巨額の財政支出（令和2年度補正予算に12兆8,803億円を計上）を官邸主導で決定し、迅速かつ的確に家計への支援を行うことが目指された。しかし、執行事務を担うこととなった地方自治体の現場では、数多くの課題に直面し、国民の9割に給付金が行き届いたのは7月15日と、緊急事態宣言が解除され、感染者も落ち着いた頃となった。

　この特別定額給付金の混乱については、中央地方関係の視点からも多くの論考が提起されている。一方、特別定額給付金以外にも、子育て世帯、ひとり親世帯、住民税非課税世帯等を対象に、政府によって現金給付施策が順次打ち出

されているが、これらの施策について中央地方関係の視点から論じる先行研究は管見の限り見当たらない。このため、本稿では、これらの施策を含めて、新型コロナ流行下における現金給付施策を、中央地方関係の視点から論じることとする。

　新型コロナの感染症法上の位置付けが、季節性インフルエンザなどと同じ「5類」に移行したのは、2023（令和5）年5月8日である。新型コロナ流行下の約3年間に、第2節1において後述するように、政府によって7回もの現金給付施策の実施が決定されている。地方自治体が実施主体となって短期間に給付事務が繰り返される中で、国による政策の制度設計や、地方自治体における事務の執行方法に改善・進展が見られるのではないか、またそれに伴って、当初の特別定額給付金の支給時から中央地方関係が変容しているのではないかとの推測も成り立つ。そこで、本稿では、「新型コロナ流行下の現金給付施策は、中央地方関係にどのような変容をもたらしたのか」という問いを立て、分析を進めていくこととする。

　新型コロナの感染拡大の経験は、社会的危機が生じた際に、支援を必要とする者に対し、迅速かつ的確に現金給付を行うことの必要性を改めて浮かび上がらせた。感染症の流行による未曾有の危機でなくとも、かつてリーマン・ショックによる世界的な景気後退を受けて2009（平成21）年に定額給付金の支給がされたように、これからも社会的危機の発生時に、政府が主導して現金給付施策を推進していく可能性は、常に存在している。新型コロナ流行下の現金給付施策について詳細に分析を行い、その到達点を明らかにしておくことには、今後の現金給付施策をめぐる中央地方関係の在り方を考えるに当たって大きな意義があると考えられる。

　以下、第2節では新型コロナ流行下の現金給付施策の概要と特徴について確認するとともに、特別定額給付金に対する理論・実務両面からの批判をレビューする。第3節では、特別定額給付金以後の現金給付施策の特徴について確認し、国による政策の制度設計や、地方自治体における事務の執行方法にどのような改善・進展がみられているか、特別定額給付金の支給時から中央地方関係にどのような変容がみられているかを明らかにする。第4節では、本稿の分析

結果を示すとともに、分析結果から得られる示唆として国直轄での現金給付施策実施の可能性について言及する。

第2節　新型コロナウイルス感染症流行下における現金給付施策の概要と特徴

1．各施策の概要

　新型コロナによる社会・経済活動への影響が長期化する中で、特別定額給付金以外にも、子育て世帯、ひとり親世帯、住民税非課税世帯等を対象に、政府によって現金給付施策が順次打ち出されていくこととなった。この時期に政府によって実施が決定された、個人や世帯に対する経済的な支援を行うための現金給付施策[1]について、一覧に整理すると表1のようになる。

　特別定額給付金と子育て世帯への臨時特別給付金は、感染拡大初期の2020（令和2）年4月に「新型コロナウイルス感染症緊急経済対策」（令和2年4月7日閣議決定（4月20日変更））[2]によって政府の支給方針が示され、同月30日に成立した令和2年度補正予算において予算措置がなされた。

　その後、全国民を対象とする給付は再度実施されることがなかったものの、支給対象を特定した給付が補正予算や予備費を活用して繰り返し実施されることとなった。ひとり親世帯（児童扶養手当の受給世帯等）を対象に支給された低所得のひとり親世帯への臨時特別給付金は、令和2年度に再支給を含め2度給付された後、ひとり親世帯以外の住民税非課税の子育て世帯をも支給対象とする低所得の子育て世帯に対する子育て世帯生活支援特別給付金に発展していった。同給付金は、令和3年度と令和4年度に続けて支給されている[3]。また、2021（令和3）年11月には、子育て世帯への臨時特別給付と住民税非課税世帯等に対する臨時特別給付金の支給が決定され、子育て世帯と住民税非課税世帯に限ってではあるが、再び10万円が給付されることとなった。

表1　新型コロナウイルス感染症流行下における現金給付施策

現金給付の名称（実施決定年月）	所管	現金給付の概要
1．特別定額給付金 （2020（令和2）年4月） 【令和2年度補正：12兆8,803億円】	総務省	・国民1人当たり10万円を給付
2．子育て世帯への臨時特別給付金 （2020（令和2）年4月） 【令和2年度補正：1,654億円】	内閣府	・児童手当（本則給付）の受給世帯に対し、児童1人当たり1万円を給付
3．低所得のひとり親世帯への臨時特別給付金（当初：2020（令和2）年6月＋再支給：同2年12月） 【令和2年度第2次補正＋令和2年度予備費：1,365億円＋737億円】	厚生労働省	・ひとり親世帯（児童扶養手当の受給世帯等）に対し、5万円（2人目以降の児童には3万円加算）を給付 ※家計急変世帯へは、別途5万円の追加給付 ※2020（令和2）年末に再支給
4．低所得の子育て世帯に対する子育て世帯生活支援特別給付金（令和3年度） （2021（令和3）年3月） 【令和2年度予備費：2,175億円】	厚生労働省	・ひとり親世帯（児童扶養手当の受給世帯等）に対し、児童1人当たり5万円を給付 ・上記以外の住民税非課税の子育て世帯に対し、児童1人当たり5万円を給付
5．子育て世帯への臨時特別給付 （2021（令和3）年11月） 【令和3年度予備費＋令和3年度補正：7,311億円＋1兆2,162億円】	内閣府	・児童手当（本則給付）の受給世帯に対し、児童1人当たり10万円を給付
6．住民税非課税世帯等に対する臨時特別給付金（2021（令和3）年11月） 【令和3年度補正＋令和3年度予備費：1兆4,323億円＋1,054億円】	内閣府	・住民税非課税世帯等に対し、1世帯当たり10万円を給付
7．低所得の子育て世帯に対する子育て世帯生活支援特別給付金（令和4年度） （2022（令和4）年4月） 【令和4年度予備費：2,043億円】	厚生労働省	・ひとり親世帯（児童扶養手当の受給世帯等）に対し、児童1人当たり5万円を給付 ・上記以外の住民税非課税の子育て世帯に対し、児童1人当たり5万円を給付

［出所］内閣府、総務省、厚生労働省資料を基に筆者作成

２．各施策に共通する特徴

(1) 地方自治体による事務の実施

　これらの現金給付施策は、全て地方自治体を実施主体としている。施策を決定したのは国であるにもかかわらず、事務の実施を地方自治体が担う背景には、最終的な公共サービスの供給の担い手を地方自治体に依存する日本の中央地方関係のあり方がある。

　財政学・地方財政論の研究者によって、中央地方関係を分析する際に頻繁に参照されているのが、神野直彦の集権的分散システムである（神野2021、294-295頁）。神野は、日本の中央政府と地方政府の政府間財政関係は、中央政府が決定し、それを地方政府が執行していると論じている[4]。事実、日本の公務員総数に占める地方公務員の割合は約４分の３、日本の国と地方自治体の歳出純計に占める地方の歳出の割合は約３分の２であり、この代表的な２つの代替指標に照らせば、日本では行政サービス提供業務のおおよそ７割前後は地方自治体によって担われており、日本は分散的なシステムと指摘することができる（西尾2007、8頁）。

　本稿が題材とする現金給付施策の実施には多くの事務作業が必要となるが、国家公務員の数は限られている。また、支給対象となる住民に関する情報は、地方自治体が保有している。このため、地方自治体に事務の実施を頼らざるを得ず、国が自ら執行事務を担うことは現実的でないと考えられている状況にあるといえる。

(2). 法定外の自治事務（予算事業）としての実施

　また、これらの現金給付施策は、全て支給の根拠が法律で定められていないことも特徴的である[5]。新型コロナ流行下において「迅速な給付」が目指されたため、これらの施策にかかる法律案を作成し、国会の審議を経るというプロセスが踏まれることはなかった[6]。

　地方自治法は、法令により地方自治体が処理する事務のうち、国が本来果たすべき役割に係るものであって、国においてその適正な処理を特に確保する必要があるものを「法定受託事務」とし、地方自治法又は地方自治法施行令の別

表に根拠法・条文を明示しながら制限列挙している。また、地方自治体が処理する事務のうち、法定受託事務以外のものを「自治事務」としている。

　本稿が題材とする現金給付施策は、国が決定し、全国一律で実施されることが企図されているにもかかわらず、法令に支給の根拠が定められていないことから、必然的に「自治事務」となることとなる。この結果、国から地方自治体へは、予算事業の実施にかかる通知文書が「依頼」という形式で発出され、それを根拠に事業が遂行されていくこととなる[7]。

(3)　全額国庫補助を背景とした国による実質的な実施の強制

　法定外の自治事務として事業が実施されることから、これらの現金給付施策を実施するか否かの裁量は、論理的にはそれぞれの地方自治体に存在することになる。しかしながら、実質的に地方自治体は、国が決定した施策の実施を拒むことができないことに留意する必要がある。予算事業の実施を「依頼」するに当たって、国は事業に実施に要する経費（給付事業費及び事務費）の全額を補助（補助率10/10）する仕組みを採用している。国が全ての財源の面倒をみていることから、地方自治体は財政負担を理由として事業の実施を拒むことができなくなっている。

　また、国が「全国一律での現金給付」を声高に宣伝する中で、地方自治体が独自の判断で事業を実施しないという判断をすることは、政治的にも極めて困難である。仮に、ある地方自治体が事業を実施しないという判断をした場合、当該自治体の住民は、自分達に対してのみ現金が給付されないという事実を受け入れることはできないものと考えられる。当該自治体の首長は、住民から厳しい批判にさらされることとなる。

　このため、事務負担が極めて大きいことに鑑み、地方自治体が事業の実施を拒否したいと考えたとしても、実際には事業を実施しないという選択はできない状況にある。こうして、全額国庫補助の仕組みを背景として、「自治事務」の実施を国が実質的に強制するという構図が出来上がってくることになるのである。

3．特別定額給付金に対する批判

　ここまで各施策の概要と各施策に共通する特徴をみてきたが、感染拡大初期に実施され、一律10万円給付とインパクトの大きかった特別定額給付金は、理論・実務両面から批判的に検討がなされている。以下、主要な論考を確認することとする。

(1)　理論的な批判

　行政学・地方自治論を専門とする研究者からは、法定外の自治事務の実施を地方自治体が強制されていることについて、多くの批判が行われている。例えば、大森彌は、特別定額給付金の事務について、法定受託事務ではなく法定外の自治事務（市町村の自主事業）であること、市町村に事業の取捨選択の余地がないことを問題視し、「国が法定外の自治事務をつくり市町村の責任で実施させるやり方自体の正当性も問われてしかるべき」と論じている（大森2020）。また、川手摂は、「押しつけ」られた自治事務であり、地方分権の理念に照らして不当であると論じている（川手2021a,川手2021b）。

　国と地方の関係を上下・主従の関係から対等・協力の関係に変えていくという意図で進められてきた地方分権改革の考え方を踏まえると、法的根拠がない中で、国の「依頼」（＝実質的な指示）によって、地方に「下請け」がされているという構図は、看過できないものであるといえる。この法定外の自治事務の強制という制度的矛盾に対して声を上げる自治体・自治体職員が殆どみられないことを問題視する論考も見受けられる（渡部2023）。

(2)　実務的な批判

　また、特別定額給付金は、所得要件等を一切設けない簡素な仕組みにより迅速かつ的確に家計への支援を行うことが目指されたが、実際には、執行を担う地方自治体の現場で数多くの課題が生じ、給付に時間を要することとなった。制度の設計・執行過程に対する批判を行う論考は数多く存在する（e.g.牧原2021）が、以下、主な問題点を２点に整理し指摘する。

　まず１点目として、申請に基づき給付を行う仕組みをとらざるを得なかった

点である。住民基本台帳の情報を活用して給付対象者を特定することまでは概ねできるものの、給付対象者の預貯金口座を網羅的に把握していない以上、市町村は申請を求めざるを得なかった。

　２点目は、行政が保有する情報インフラを十分に活用することができなかった点である。特別定額給付金が予算事業として実施され、立法措置がなされなかったため、マイナンバーを活用することができなかった（活用にはマイナンバー法の整備が必要）。また、住民基本台帳や住民税、各種の社会保障給付などの関係で行政が既に保有している情報を有機的に連携させて事務を進めていくこともできなかった。このため、マイナポータルから電子申請できる仕組みは準備されたものの、申請を自動的に処理することはできなかった。

　こうした中で、多くの地方自治体の現場で、膨大な申請を手作業で処理せざるを得ない状況となり、給付事務に膨大な労力を割いているにもかかわらず、給付に時間がかかるという帰結となってしまっていた。

第３節　特別定額給付金以後の現金給付施策の特徴

１．プッシュ型の給付事務

　特別定額給付金に対する実務的な批判を踏まえ、その後に行われた他の現金給付施策は、行政の側で対象者を特定し、原則申請不要で給付金の振込まで自動的に完結させる「プッシュ型」の給付事務の実施が目指されるようになった。

(1)　社会手当の活用

　その際、プッシュ型の事務処理を実現するために広範に活用されたのが、児童手当、児童扶養手当などの社会手当[8]のスキームである。預貯金口座を含め、社会手当を既に受給している者の情報を行政は把握済みである。このため、社会手当のスキームを活用することで、対象者を特定した上で、簡易・迅速に現金給付を実施することが可能となった。

　令和２年６月に実施が決定された低所得のひとり親世帯への臨時特別給付金は、新型コロナ流行下において、子育てと仕事を一人で担う低所得のひとり親

世帯が特に大きな困難に見舞われているとの状況認識から給付が決定されたものであるが、対象者の多くが児童扶養手当の受給者であることに実務上のポイントがあった[9]。厚生労働省の支給要領には、児童扶養手当の受給者には行政の側から支給の申込を行う旨が明記されており、プッシュ型の事務処理が図られている[10]。

　この給付金は、夏に迅速に現金を届けることができた実績を買われ、12月にも再支給されることとなった。新型コロナに的確に対応していることをアピールする観点から、政治的に、社会手当を活用して簡易・迅速に現金給付を実施する仕組みが歓迎されていた側面があると考えられる[11]。

(2) 特定公的給付への指定（マイナンバー、地方税情報等の活用）

　低所得の子育て世帯に対する子育て世帯生活支援特別給付金からは、単に既存の社会手当の受給者に上乗せして現金を給付するのみならず、地方税情報と組み合わせて、住民税非課税世帯を支給対象とする仕組みも導入された。これは、2021（令和3）年5月に成立した公的給付の支給等の迅速かつ確実な実施のための預貯金口座の登録等に関する法律（令和3年法律第38号）に基づき、各種の給付金を「特定公的給付」に指定することで実現可能となったものである。これにより、マイナンバーを用いた情報管理も可能となり、給付の申請受付、審査、支給等の事務にマイナンバーが利用可能となった。また、地方自治体が保有する地方税情報の情報照会も、マイナンバー情報連携の仕組みを用いて実施可能となった。

　新型コロナ流行下における現金給付施策について、社会手当の活用及び特定公的給付への指定の状況を整理すると表2のようになる。

表2　社会手当の活用及び特定公的給付への指定の状況

現金給付の名称	社会手当の活用	特定公的給付への指定
1．特別定額給付金	無 ※申請要	—
2．子育て世帯への臨時特別給付金	有【児童手当】 ※原則申請不要	—
3．低所得のひとり親世帯への臨時特別給付金	有【児童扶養手当】 ※原則申請不要	—
4．低所得の子育て世帯に対する子育て世帯生活支援特別給付金	有【児童扶養手当、児童手当、特別児童扶養手当】 ※原則申請不要	有【マイナンバー、地方税情報等の活用】
5．子育て世帯への臨時特別給付	有【児童手当】 ※原則申請不要	有【マイナンバー、地方税情報等の活用】
6．住民税非課税世帯等に対する臨時特別給付金	無（地方税情報の活用） ※原則申請不要	有【マイナンバー、地方税情報等の活用】
7．低所得の子育て世帯に対する子育て世帯生活支援特別給付金	有【児童扶養手当、児童手当、特別児童扶養手当】 ※原則申請不要	有【マイナンバー、地方税情報等の活用】

［出所］内閣府、総務省、厚生労働省、デジタル庁資料を基に筆者作成

2．公金受取口座の登録推進

　プッシュ型の給付事務を実現するためには、振込先の預貯金口座の情報を行政が把握していることが必要不可欠である。このため、社会手当の活用が図られたのは先に述べたとおりであるが、そのスキームのみでは既存の社会手当を受給していない者を対象とすることができないという限界もあった。

　こうした中で、公金受取口座（各種の社会保障給付などを受け取るための預貯金口座）の情報をマイナンバーに紐付けてあらかじめ国（デジタル庁）に登録する制度が開始されることとなった。この登録をしておくと、今後の申請の際に書類確認の手間が省け、給付等を迅速に受け取ることができる。2022（令和4）年3月28日よりマイナポータルから口座登録が可能となり、10月11日より給付事務における登録口座情報の利用が開始されている。

この公金受取口座の登録は、マイナポイント事業（第２弾）において7,500円相当のポイントが付与されることとなり、強力に推進されることとなった。2023（令和５）年９月末の同事業の終了後、同年11月19日時点の登録件数は6,258万件（登録率：64.6％）となっている。約３分の２の国民について登録が完了し、預貯金口座の把握・活用ができる状況となっており、次なる現金給付施策が実施されることとなった場合、この情報インフラを活用して、制度設計・事務の執行を行うことができるのである。

第４節　結　論

1．本稿の分析結果（特別定額給付金以降の現金給付施策における中央地方関係の変容）

　ここまでの本稿の分析からは、特別定額給付金以降の現金給付施策において、実務面で中央地方関係が徐々に変化してきていることを見て取ることができる。新型コロナ流行下において、特別定額給付金以後も、国は現金給付施策を次々と打ち出している。その中で、国は「プッシュ型」の給付事務の実施を志向するようになり、執行を担う地方自治体における実務を意識して、政策の制度設計に工夫を施すようになってきている。

　実際に、社会手当の活用や特定公的給付への指定が行われたことにより、地方自治体において簡易・迅速に給付金を支給できるようになった。また、次なる施策に備え、公金受取口座の登録も進展してきている。特別定額給付金の時から比べると、地方自治体における事務の執行方法は大幅に改善・進展しているといえる。

　このように実務面での変化はみられるものの、第２節２において述べたように、新型コロナ流行下の現金給付施策が全て法定外の自治事務として地方自治体が担っているという状況には変化がない。特別定額給付金に対する実務的な批判には応えてきている一方で、現状では、理論的な批判には応えることができていない状況といえる。

２．国直轄での現金給付施策実施の可能性

　この地方自治・地方分権の理念に照らして不正常な状態をどのようにすれば回避することができるのか。この点、国が現金給付施策の実施を決定する以上、法定外の自治事務として地方自治体に事務を請け負わせるのではなく、国自ら給付事務まで担うほかこの問題の解はないと考える[12]。

　実際、新型コロナ流行下の現金給付施策の進展により、国直轄で現金給付施策を実施する情報インフラが整いつつある。特定公的給付の指定制度ができたことにより、マイナンバーの活用のほか、住民基本台帳や住民税、各種の社会保障給付などの情報を行政機関間で連携することができるようになった。また、公金受取口座の登録制度の進展により、多くの登録済み預貯金口座を活用していく道筋も立った。このような情報インフラの整備状況を踏まえれば、1,788の地方自治体の手を煩わせずとも、少しの工夫で十分に国自ら申請不要の「プッシュ型」で簡易・迅速に現金給付を行うことができる環境になりつつあるといえる[13]。

　更に付言すれば、国直轄での現金給付施策の実施は、支援を必要とする者をより正確に把握・特定することにも繋がる可能性がある。１つの地方自治体内で保有する情報のみならず、マイナンバー制度の情報連携の仕組みを活用すれば、複数の行政機関が保有する情報を勘案してより精緻に支給対象者を決定するような仕組みも構築可能となると考えられる[14]。

　今後も「社会的危機」が発生する度に、国において現金給付施策の実施の是非が定期的に議論されるものと考えられる。その際に、どのような施策の制度設計がなされるのか、これからも中央地方関係の視点からよく確認していく必要がある。今後の政策に、新型コロナ流行下の現金給付施策の経験が活かされていくことを期待したい。

　本稿は、新型コロナ流行下の現金給付施策のみを題材に中央地方関係の変容を論じているが、現金給付施策以外の感染対策（ワクチン接種など）や経済対策（観光業の支援策など）については、議論を行うことができていない。今後も、本稿を契機に、中央地方関係のあり方について探求し続けたいと考えている。

(注１) 新型コロナ流行下における現金給付を伴う施策には、休業者支援の観点から行われるもの（雇用調整助成金の拡充、新型コロナウイルス感染症対応休業支援金・給付金の支給）や、求職者支援の観点から行われるもの（求職者支援制度の特例措置）、住居確保の観点から行われるもの（住居確保給付金の支給対象の拡大）などもある。表１においては、所定の支給事由を満たす場合に定型的に支給され、他の観点からの調査（休業状況、失業状況、住居確保状況など）を伴わない定型的な現金給付施策を挙げている。

(注２) ４月７日の当初の閣議決定時には、生活支援臨時給付金（収入減少世帯限定で30万円を給付）であったが、４月20日に行われた変更の閣議決定により特別定額給付金（国民１人当たりに一律10万円を給付）となった。変更後の閣議決定では、「新型インフルエンザ等対策特別措置法に基づく緊急事態宣言の下、生活の維持に必要な場合を除き、外出を自粛し、人と人との接触を最大限削減する必要がある。医療現場をはじめとして全国各地のあらゆる現場で取り組んでおられる方々への敬意と感謝の気持ちを持ち、人々が連帯して、一致団結し、見えざる敵との闘いという国難を克服しなければならない。このため、感染拡大防止に留意しつつ、簡素な仕組みで迅速かつ的確に家計への支援を行うこととし、一律に、一人当たり10万円の給付を行う。」、「子育て世帯に関しては、児童手当（本則給付）を受給する世帯に対し、その対象児童一人当たり１万円を上乗せする臨時特別の給付金を支給する。」との支給趣旨が述べられている。

(注３) 低所得の子育て世帯に対する子育て世帯生活支援特別給付金は、令和５年度にも実施されているが、その支給目的は、「食費等の物価高騰に直面し、影響を特に受ける低所得の子育て世帯に対する生活の支援」とされ、新型コロナの影響に関する言及がされていない。このため、新型コロナ流行下の施策として表１に挙げることはしていない。

(注４) 神野は、公共サービスの供給と負担に関する決定を、主として中央政府が実施していれば「集権」、主として地方政府が実施していれば「分権」とすれば、日本の政府間財政関係は、明らかに集権システムであると指摘している。また、公共サービスを、主として中央政府が供給していれば「集中」、主として地方政府が供給していれば「分散」とすると、日本の政府間財政関係は、明らかに分散システムであると指摘している。

(注５) 現金給付施策に関し全く立法措置がされていない訳ではなく、差押禁止等については立法措置が行われている（例えば、特別定額給付金の場合、令和二年度特別定額給付金等に係る差押禁止等に関する法律（令和２年法律第27号）が制定）。しかし、議員立法による最小限の立法措置に留められており、給付の根拠は法定化されていない。

(注６) 法定外の自治事務として地方自治体に給付事務を担わせる方策は、1999（平成11）年の地域振興券、2009（平成21）年の定額給付金の先例を踏襲したものであると指摘されている。詳しくは、地方自治・地方分権の理念に触れながら、この起源について詳しく論じている川手（2021a、2021b）を参照のこと。

(注７) 例えば、特別定額給付金の場合、2020（令和２）年４月20日付けで総務大臣通知「特別定額給付金（仮称）事業の実施について」が発出されている。以後の現金給付施策についても、予算事業の実施の通知が「技術的助言」の形式で毎回発出されている。

(注８) 社会保障法学において、日本の社会保障制度は、社会保険、社会手当、社会福祉サービス及び公的扶助の４つに分類されている。このうち社会手当は、法の定める所定の支給事由を満たす場合に定型的に現金給付をする社会保障制度のことを指す。

（注９）児童扶養手当の受給者でない者（公的年金給付等受給者及び家計急変者）への給付も含まれており、これらの者については申請が必要とされている。低所得のひとり親世帯への臨時特別給付金は、多くの申請が不要な者（児童扶養手当受給者）とそれ以外の申請が必要な者とで、事務処理のフローを仕分けていることに特徴がある。

（注10）給付金の支給を贈与契約と整理し、行政の側から支給の申込を行った場合において、対象者から受給拒否のための届出書が提出されない限り、贈与の承諾の意思表示がなされたとの法的整理をしている。これにより、給付金の支給の案内（チラシの送付）後、速やかに行政からプッシュ型で既知の預貯金口座に振込を行うことを可能としている。

（注11）低所得のひとり親世帯への臨時特別給付金は、菅総理が2020（令和２）年12月４日に行った記者会見で再支給の実施が表明されたが、その際「年内」という支給期限が併せて表明された。実際に、年末の再支給は実務的にも実現し、菅総理は「昨年末に、いち早くお手元に資金をお届けしたいということで、特例的に給付金の再支給を一人親家庭の皆さんにはさせていただきました」と、迅速な支給が実現したことを成果として国会で言及している（第204回国会衆議院予算委員会会議録第４号（令和３年２月４日）24-25頁における、竹内譲委員への菅義偉内閣総理大臣による答弁）。政治家にとって、決定された政策が実行に移されるまでのタイムラグが短いことは、それだけで魅力的な政策となり得るといえる。

（注12）特別定額給付金に対して理論的な批判を行っている川手摂も、「国がそれでもなおこの種の現金給付策を実施しようとするならば…施策を企画・立案した主体である国が、自治体を手足とせず、『自己決定・自己責任』で給付事務まで行うべき」とし、「『実際、国が給付事務を行うことは不可能』という反応が考えられ」るが、「具体的な手法を考える責任は国に当然に属する」と指摘している（川手2021b）。

（注13）例えば、国自らが実施主体となり、公的年金の支給事務を担う日本年金機構に実務を担わせるといった工夫が考えられる。筆者は、同様の論旨で「年金被保険者支援給付金」（仮称）の制度導入を提言している（原田2024：198-201）。

（注14）新型コロナ流行下の現金給付施策では、既存の社会手当の受給世帯、住民税非課税世帯という形で対象者の特定をしているが、例えば、住民税非課税ラインを少し超えている子供のいない世帯などにはこれまで支援を届けることが出来ていなかった。こうした層について、情報インフラを活用して精緻に拾い上げるようなこともできると考えられる。髙端（2020）はコロナ禍の所得保障政策を論ずる中で、「日本における喫緊の課題は、既存の所得保障制度に幻滅してベーシックインカムに飛びつくことより、むしろ必要とする人々にきちんと届く所得保障制度への改善と、その結果としての低所得層への所得再分配の強化」であると指摘するが、本稿も同様の立場に立っている。

【参考文献】

大森彌（2020）「「特別定額給付金給付」はどういう事務か」『町村週報』3125、1頁。

川手摂（2021a）「特別定額給付金と地方分権の理念：自治事務による「ばらまき」とその起源」『都市問題』Vol.112(1)、67-77頁。

川手摂（2021b）「特別定額給付金と地方自治：「一律一人一〇万円」を自治体が配るのはなぜ不当か」『月刊自治研』63（745）、25-34頁。

神野直彦（2021）『財政学 第3版』有斐閣
高端正幸（2020）「所得保障政策をめぐって：コロナ禍から汲みとるべきこと」『都市問題』Vol.111(7)、22-28頁。
西尾勝（2007）『地方分権改革』東京大学出版会
原田悠希（2024）『社会保障制度における社会手当の成立・展開過程——中央地方関係の視点から——』日本評論社
牧原出（2021）「特別定額給付金事業をめぐる政治と地方」『都市問題』Vol.112(1)、42-48頁。
渡部朋宏（2023）「地方分権改革の意義と自治体の現状～新型コロナウイルス感染症対策における「特別定額給付金事業」を事例として～」『自治体学』Vol.36-2、32-33頁。

【参考URL】（最終閲覧日2023年11月26日）
○内閣官房ホームページ（新型コロナウイルス感染症対策）
　https://corona.go.jp/
○財務省ホームページ（予算（令和2年度～令和5年度参照））
　https://www.mof.go.jp/policy/budget/budger_workflow/budget/index.html
○総務省ホームページ（特別定額給付金）
　https://www.soumu.go.jp/menu_seisaku/gyoumukanri_sonota/covid-19/kyufukin.html
○内閣府ホームページ
・子育て世帯への臨時特別給付金
　https://www8.cao.go.jp/shoushi/shinseido/taiou-gov_coronavirus.html
・子育て世帯への臨時特別給付、住民税非課税世帯等に対する臨時特別給付金
　https://www5.cao.go.jp/keizai1/kosodatesetaikyufu/index.html
　https://www5.cao.go.jp/keizai1/hikazei/index.html
○厚生労働省ホームページ
・低所得のひとり親世帯への臨時特別給付金
　https://www.mhlw.go.jp/stf/newpage_17468.html
・低所得の子育て世帯に対する子育て世帯生活支援特別給付金（令和3年度・令和4年度）
　https://www.mhlw.go.jp/stf/newpage_18013.html
　https://www.mhlw.go.jp/stf/newpage_25614.html
○デジタル庁ホームページ（公金受取口座登録制度・特定公的給付制度）
　https://www.digital.go.jp/policies/account_registration/

第2章

地方債市場における制度変化
——総務省の資源に注目して——

稲生　信男
（早稲田大学社会科学総合学術院教授）

第1節　はじめに

　本稿は、国（総務省自治財政局地方債課。以下、「総務省」という）が中心となり構築・運用してきた地方債制度の変化について、利用し消費する資源の観点より考察するものである[1][2]。目的は、総務省が環境変化に対応して地方債に関する制度を変化させることで利用する資源がどのように変化したのか、新たな制度で利用可能な資源は何か、そして資源の変化に何らかの傾向が見られるか、という問いに回答を得ることである[3]。コロナ・パンデミック（以下「新型コロナ」という）期に重要性を増した脱炭素化などへの金融面からの対応も含めて分析する。考察結果は、今後の政策実施場面での利用資源の選択と活用方法の検討に資すると考える。

　分析の対象は、地方債のうち、いわゆる全国型市場公募地方債と共同発行市場公募地方債（以下、両者を「市場公募債」と総称する）にかかる制度を中心とする[4]。制度には法令だけでなく、市場公募債の制度運用における運用方針や慣行などを含む。分析する時点は、顕著な制度変化が観察される1990年代以降をとりあげる。

　分析の理論枠組については、クリストファー・フッドらが構築した政府の有する政策手段と資源に対する評価枠組みの議論（Hood and Margetts 2007）を解釈し援用する[5]。以下、分析枠組み（第2節）、市場公募債における制度状況と変化（第3節）、フッドらの議論に基づいた制度変化の分析（第4節）の順に論じ、最後に新型コロナ後への政策的含意を得る（第5節）。

第2節　分析枠組み—フッドらの経済性を追求した資源選択モデル

　本節では分析枠組みとして参照するフッドらの議論を概観し、援用可能性を検討する。

　フッドらは、政府の利用可能な資源から議論する。資源には4種類ある。第1に「結節性（Nodality）」資源である。「結節」とは種々の情報チャネルの接合部を意味し、「結節性」とは情報ネットワークの中心にあるという性質を指す。「結節性」資源により、政府には情報の蓄積と流通だけでなく、意思疎通を図る機能が備わる。但し、「結節性」資源の発揮には、関係するアクターからの信頼の有無と程度が重要である。信頼が無ければ他者との意思疎通は難しい（以上につきHood and Margetts 2007, pp.5-6）。第2に「権限（Authority）」資源である。一般に、国や自治体が、法令の規定に基づいて職権を行使できる範囲や能力を指す。第3に「財源（Treasure）」である。第4に「組織（Organization）」資源である。組織にはスキルを持つ職員などの人的資源にとどまらず土地や建物などの固定資本も含まれるとする。本稿では、総務省の組織的な、つまり人的側面を中心とした関与に関心がある。そこで組織資源については人的資源に焦点を当てて論じたい。

　フッドらは資源の特徴と個別政策分野での発現の仕方を論じた後、政策手段の評価のあり方について規範的な検討を加える（Hood and Margetts 2007, Chapter7, p.144以下）。政策実施に重点を置きつつ、望ましい政策立案の要件について、第1に熟慮に基づく選択、第2に目的への適合性、第3に経済性、第4に道徳的受容性の4つをあげる（Hood and Margetts 2007, p.145）。そのうえで各要件の内容を上記の4資源に照らして考察する。

　本稿において注目するのは第3要件の経済性である。行政学者フッドらの独創的な点は経済性追求に「官僚制を節約する」必要があると規定している点である。これには第1に政府の労力における経済性、第2に、公的負荷の経済性の2つを含む。後者が特徴的であり、目的達成のために必要以上に他者に負担を課さないことを意味する。

　フッドらは、第1の政府の労力における経済性に関しては資源の減少可能性

に着目する。すなわち、4つの資源のうち「組織」資源と「財源」については、内在的・本来的な性質として利用により減少する。他方で、「結節性」資源と「権限」資源は状況依存的（contingent）であり、基本的に減少せず使い方次第で増加することもあるという。「結節性」資源では、テロ等の脅威が起こった際、政府の情報発信が適切な場合、政府と市民との間の情報交流が活性化し資源としては増加した例をあげる。「権限」資源では犯罪処罰が社会への警告効果を発揮し資源としては増加した例をあげる（Hood and Margetts 2007, p.154）。

第2の公的負荷の経済性に関しては対象への制約に着目した議論である。政府が直接行動して摘発に乗り出したり（「組織」資源の使用）、許可制度を利用して行動をコントロールしたり（「権限」資源の使用）するなら、対象への制約は強いだろう。他方で、補助金を与えて活動を奨励したり（「財源」の使用）、従来の紙媒体を利用したやりとりから、手軽に情報受発信可能なデジタル・プラットフォームが政府のホームページ上に構築されたり（「結節性」資源の使用）するなら、対象への制約は弱いだろう。

フッドらは、経済性を追求する場合には原則として、対象への制約が弱く、資源の減少可能性が状況依存的である「結節性」資源が好ましいという。

本稿では、総務省が関わった市場公募債の制度変更による、利用資源の変化の分析を目的とする。フッドらの構築した「経済性を追求した資源選択モデル」の援用により、総務省が利用可能な資源の類型を同定し、利用する資源の変化を観察できるだろう。

やや留意を要するのは、フッドらの議論では、公的負荷の対象としては基本的には「個人」を念頭に置く点である。市場公募債に関係するアクターには、直接個人を含まない。制度の名宛人は、自治体や銀行・証券会社等の市場参加者が中心である。しかしながら、公的負荷の対象を個人から自治体等に置き換えても各資源の性質は変わらず、モデルの本質を損なうことはない。以上から、フッドらの議論を分析枠組みとして援用する。

第3節　市場公募債における制度状況と変化

　本節では1990年代以降の市場公募債における制度状況と変化について素描する。制度の変化は環境との関係が重要である。本稿では制度と関係する環境の広がりを段階的に把握する。第1に、市場公募債に直接関係する種々の制度状況がある。ここでは「内部環境」と呼ぶ。第2に、地方債制度は、地方財政制度、さらには種々の地方制度全般に包摂される関係にある。1990年代以降現在まで続く地方分権の文脈は、地方債制度に大きく影響する。自治体に関係する制度状況をここでは「地方制度環境」と呼ぶ。第3に、より広範な環境としてはマクロの政治・経済・社会的な環境がある。本稿では「社会環境」と呼ぶ。以下、内部環境、地方制度環境、社会環境の順に市場公募債における主要な制度状況の変化について論じる。なお、各環境で複数の制度が関わる場合には時系列で取り上げる。

1．内部環境と制度変化

　内部環境にかかる制度については、順に地方債IR、発行時の条件交渉方式、ならびに共同発行市場公募地方債の制度をあげることができる。以下、順次論じる。

(1)　地方債IR（Investor Relations）—国・自治体と「市場」との対話の場の制度化

　地方債IRの目的は、地方債の安全性と商品性への理解を促進して需要を掘り起こし、地方債の円滑な発行と発行費用の低減を図ることである。地方債IRでは各自治体の財政運営状況や将来見通しにつき、内外の投資家に向けて十分な情報提供をすることが求められる。総務省と自治体が定期的に地方債IRを実施し慣例化することで制度化をみる。

　地方債IRの開始時期は1990年代末にさかのぼる。1997年11月、山一證券や北海道拓殖銀行の経営破たん等により、国内の金融システムへの不安が高まった。市場公募債の流通市場では自治体間の利回り格差が生じ、特に北海道拓殖

銀行を指定金融機関とする北海道債等が苦境に陥ることとなった。これを受け1998年９月総務省と地方債協会は、地方債に関係する制度や信用力等について、投資家および金融機関を対象に説明会を行った。地方債IRの端緒とされる。２ヶ月後の1998年11月には北海道、札幌市、総務省ならびに地方債協会の合同説明会が札幌市で開催された（以上につき地方債協会2023、71-72頁）。

　その後、市場公募債発行団体、総務省、地方公共団体金融機構ならびに地方債協会共催で定例的に開催されており（「合同IR」）、毎回多くの参加者を集めつつ現在に至っている。

⑵　発行時の条件交渉方式―個別条件交渉方式への移行による総務省の関与の縮減

　従来、市場公募債発行の際の条件交渉には統一条件交渉方式が取られていた。本方式は、市場公募債の発行条件を、幹事役の金融機関と自治体の代表である総務省が交渉して決定するというものである（天羽2018、61頁）。後述する許可制度と並び発行時に総務省が直接関与する制度であり、自治体の発行する全ての市場公募債は同一条件で発行されていた。

　もともと統一条件交渉方式については、総務省による、自治体の信用力は国と同等かつ自治体間の差はないという考え方に基づいていたという。他方で、2000年代に入り落ち着いてきたものの、流通市場では発行規模の大小による流動性の差や一部の自治体の財政状況の悪化により、銘柄間の利回りの格差がみられたため、自治体や金融機関の中には制度運用に不満を持つ団体もあったといわれる（以上につき天羽2018、62頁）[6]。

　そこで2002年４月、総務省はまず「２テーブル方式」を導入した。これは東京都とその他の自治体に区分して発行条件の交渉を行う方式である。ただ、本方式では従来どおり総務省が事前調整を行っていた（小西2011、169頁）。その後2004年４月になると、東京都と横浜市が個別条件交渉方式に移行し、さらに2006年４月には神奈川県と名古屋市が追随した。最終的には2006年９月、すべての公募団体が個別条件交渉方式へ移行した[7]。

　以上の条件交渉方式の見直しは、市場機能の拡大の文脈での制度改革であっ

たといえるだろう。総務省が個別自治体の市場公募債の発行に関与する機会は消失することとなった。

(3) 共同発行市場公募地方債―総務省による自治体間の連携基盤の提供

　共同発行市場公募地方債（以下、「共同債」という）は市場公募債を発行する自治体が共同して発行する地方債である。2003年4月に制度化されて以降、原則毎月発行されている。

　共同債は、地方財政法第5条の7に基づき、参加自治体が連名で連帯債務を負う方式をとる（2023年度は37自治体。市場公募債発行自治体の約6割）。参加自治体は、各月の資金調達の有無によらず発行額全額について償還責任を負うとされる。また、流動性補完措置としてファンドを設置している。発行団体に万一の災害等に伴う不測の事態があっても、遅滞なく元利金償還を行うため、連帯債務とは別に各自治体の減債基金の一部を募集受託銀行に預け入れる形をとる。2023年度では毎月1,000億円程度の発行が行われており、ロットが大きく、流動性が高い債券であることから、ベンチマーク債としての役割を持つとされる（以上につき、共同発行37道府県・政令指定都市/地方債協会2023）。

　2023年度には、新たにグリーン共同発行市場公募地方債（以下、「グリーン共同債」という）が制度化をみており、発行計画が具体化している（本稿を執筆している2023年11月時点）。グリーン共同債は、自治体における持続可能な社会の実現に向けた取組み推進の観点に加えて、地方債市場におけるSDGs債（後述）への需要増加を背景に、安定的な資金調達の観点における重要性の高まりを踏まえ、共同発行形式による発行を行うものである（地方債協会2023、12頁）。2023年8月には参加自治体事務局から「グリーン共同発行市場公募地方債フレームワーク」が公表され、グリーン共同債が地方財政法第5条の7の共同発行の枠組みによることや、国際資本市場協会（ICMA）策定の「グリーンボンド原則2021」等に定める要素に適合していることなどが示された（グリーン共同発行団体 2023）。

　総務省や地方債協会との関係性については、「発行に当たりフレームワークの策定、個別事業の適合性評価等について、総務省自治財政局地方債課及び地

方債協会と連携を図りながら実施」するとされている（グリーン共同発行団体2023、3頁）。共同発行にかかる制度は、市場からの資金調達の局面における自治体間の連携強化に資するものであり、実質的には総務省が中心的な役割を果たしているといえるだろう。

２．地方制度環境と制度変化

地方制度環境にかかる制度については、地方債の許可制度の変容、ならびに財政健全化法の制定をあげることができる。以下分説する。

(1) 許可制度から協議制度・届出制度へ―地方分権の制度的圧力の影響[8]

地方債許可制度の見直しの契機は1990年代の地方分権推進の時期にまでさかのぼる。当時の地方分権推進委員会による1997年の第２次勧告において、地方債許可制度については自治体の自主性を一層高める見地から廃止し、地方財政の健全性の確保等を図る観点より、自治体は総務省と事前協議を行うものとされた[9]。1998年には地方分権推進計画に、地方債許可制度の廃止と「協議制度」の導入が盛り込まれた。ただ財政構造改革期間中には地方債許可制度を維持するとし、協議制度の開始時期は2006年度に先送りされた。

その後1999年７月に地方分権一括法で地方財政法等は改正、2006年２月に協議手続きの枠組み等のルールが政令で定められ、2006年度に許可制度は廃止、協議制度へ移行した。協議制度により、原則として地方債発行の際に総務省の同意は不要になった[10][11]。

また2012年度に総務省の関与を縮減し起債の自主性・自立性をより高める観点より「届出制度」が導入された。本制度は一定の要件を満たす自治体は総務省との協議を不要とし、事前の届出のみで足りるとするものである。届出制度は、2011年８月に自治体への権限委譲等を内容としたいわゆる第２次一括法[12]の成立により、地方財政法の一部を改正して制度化した。届出制度により、起債時期の自由度拡大と事務手続きの簡略化が実現した[13]。

その後届出制度における総務省の関与はさらに緩和される。総務省では、第２次一括法附則の国の関与の見直し規定を受け、「地方財政の健全化及び地方

債制度の見直しに関する研究会」を設置して検討を行い、報告書の提言を受けて2016年度に起債の際の協議不要基準が緩和され[14]、従来協議対象であった範囲が原則として届出対象となった。

以上みてきたように、許可制度の見直し自体は、市場公募債を直接の対象とする制度変更というよりも地方分権の文脈での制度改革である。しかしながら、市場公募債についても発行の際の総務省の関与の縮減により、自治体側の自由度は高まったといえるだろう。

(2) 財政健全化法の制定―早期の財政健全化スキーム導入と客観的財政指標の整備

第3節2(1)で述べた許可制度の見直しと並行して、市場公募債に限らず全ての地方債の安全性を確保する制度改革が行われた。旧法の地方財政再建促進特別措置法を見直し、2007年6月に新たに制定された「地方公共団体の財政の健全化に関する法律」（平成19年法律第94号。以下、「財政健全化法」という）である。旧法見直しの契機は、2006年7月「地方分権21世紀ビジョン懇談会」が公表した報告書で再生型破綻法制の検討の早期着手等を促されたことであった。また、2006年に夕張市の財政悪化が明らかとなり、翌2007年3月に準用財政再建団体に指定された「夕張ショック」も強く背中を押す形となった。

財政健全化法の特徴は概ね2点ある[15]。第1に、各自治体の財政状況を良好な状態から順に「健全段階」、「早期健全化段階」、「再生段階」の3つに区分して新たに早期是正機能を持たせるとともに、自治体の自主性と国の関与のバランスに配慮した制度設計とした。

具体的には、次に述べる4つの健全化判断比率のうちのいずれかが一定水準以上の場合、早期健全化段階として「財政健全化計画」の策定後に議会の議決を経て公表を義務付けられた。自主的な改善努力を促し、計画の実施状況を毎年度議会や国へ報告することとした。

さらに、健全化判断比率のうち将来負担比率を除いた3指標のいずれかが一定水準以上の場合には、再生段階として「財政再生計画」の策定後に議会の議決を経ることが義務付けられた。再生段階では国が直接関与することが可能な

制度が導入されており、財政再生計画につき国に協議し同意を求めることや、国は財政運営が計画に適合しない場合等に予算の変更や財政再生計画の変更などを勧告することが可能となった[16]。

第2に、自治体の財政状況の判断に4つの健全化判断比率—実質赤字比率、連結実質赤字比率、実質公債費比率、将来負担比率—を定めて公表を義務化している点である。これらの指標は財政運営の目安のほか、前述した早期健全化段階等を判断するシグナルとなる。旧法と比べ、各健全化判断比率を算出する際にカバーする会計などの範囲が広がり、各自治体の財政状況をフローとストックの両面から客観的な指標で確認できるようになった。

財政健全化法は市場公募債を直接対象とした制度ではない。しかしながら、投資家等の市場参加者に対し、市場公募債を発行する自治体の財政状況を適切に開示し、情報流通の面から市場公募債の信頼性を高める手段であると考えられる。また、前述したように自治体の自主性と、国すなわち総務省の関与のバランスに配慮した制度設計である。

3．社会環境と制度変化—新型コロナ後も見据えたSDGs債の制度化

社会環境については、従来地方自治を支える地方財政制度を通じて間接的に市場公募債と関係してきた。地方分権のような制度改革等においても同様である。他方で、2015年9月の国連サミットで採択されたSDGs（Sustainable Development Goals：持続可能な開発目標）は、社会環境レベルの事象ながら自治体の活動に直接関係する制度である。端緒は2021年10月に改定された「地球温暖化対策計画」である。本計画により自治体は、国の取組みに準じて脱炭素化に向けた「率先的な取り組み」を実施するとされた。総務省は、2022年度の地方財政計画に「脱炭素化推進事業費」を追加し、地方債計画にも計上した。

上記に関連した市場公募債に関わる具体的な取り組みをみると、総務省と密接な関係にある地方債協会主宰の「地方債に関する調査研究委員会」と報告書が手がかりになる[17]。

2020年度の報告書で初めてSDGs債の動向が取り上げられ、国内の自治体によるグリーンボンドの発行状況や、資金使途が新型コロナの政策対応である

SDGs債（いわゆる「コロナ債」）が紹介された（地方債協会 2021、74-80頁）。翌2021年度の報告書ではSDGs債のより詳細な分析が行われており、発行の際に参照される国際資本市場協会（ICMA）が策定したグリーンボンド原則について紹介されている。また、投資家や自治体に対するSDGs債についての意識調査なども盛り込まれた。この他、第3節1(3)で述べたグリーン共同債の発行推進の可能性や課題についての検討も行われている（地方債協会 2022、71-78頁）。

　さらに2022年度には、作業部会を設置し、SDGs債を取り巻く環境の変化も踏まえ、各団体が個別に発行するSDGs債と、グリーン共同債の発行推進に向けた検討が行われ、結果は報告書末尾に付録「SDGs地方債の発行に関する手引き」として盛り込まれた。内容としては、SDGs債発行の意義、発行のポイント（資金使途と対象事業の選定・評価、調達資金の管理、レポーティング）と留意事項、グリーン共同債の概要と発行スキーム、ならびに国内自治体の個別発行事例などから構成されている（地方債協会 2023, 付録に収録）。

　以上から示唆されるのは、新型コロナの時期は、市場公募債にとっても、社会環境との接点を持つことになる画期をなしたということである。そして、総務省はSDGs債に関して、脱炭素化事業に地方債措置しつつ、地方債協会をプラットフォームとして金融機関やアナリスト等と協働して報告書を公表した。すなわち個別自治体によるSDGs発行を情報面から支援し、他方で前述したグリーン共同債に関しては直接的に関与し、アクターと連携しながら発行スキームを整えることとなった。総務省による、新型コロナ後も見据えたSDGs債の制度化への取り組みといえる。

第4節　市場公募債における制度変化―フッドらのモデルによる分析

　第3節では、1990年代からの総務省による市場公募債に関する制度変化について、内部環境では①地方債IRの制度化、②個別条件交渉方式への移行と③共同債の制度化を、制度環境では④協議制度・届出制度への移行と⑤財政健全化法の制定を、社会環境では⑥SDGs債の制度化、の6事象を取り上げ概観し

た。総務省は、内部環境（①②③）に関しては市場との対話で信頼を得つつ、効率的で、多くの自治体が参加可能な制度構築と運用に注力してきた。加えて、制度環境に関しては地方分権の進展に対応しつつ（④）、他方で財政の健全性を確保する仕組み（⑤）を整えた。さらに、社会環境に関しては脱炭素化問題などへの資金調達面からの対応（⑥）にも取り組みつつある。

では、総務省による６つの制度的対応について、第２節で論じたフッドらのモデルを援用して利用する資源の動向を観察した場合、変化と一定の傾向を見いだせるだろうか。

まず、①地方債IRについては、1990年代末の市場からの市場公募債への信頼のゆらぎに対し、総務省らは説明会を開催して市場関係者との対話を行って地方財政制度と地方債の安全性への理解を求めた。IRの端緒となった説明会をフッドらのモデルで観察すると、総務省が「組織」資源を消費しつつ対応したのは事実である。しかしながら、IR活動の本質は市場への情報供給と市場関係者との対話である。「合同IR」の定例開催だけでなく、地方債協会を通じた市場公募債に関する情報提供等の恒常的なIR活動を合わせ見れば、制度化をみた地方債IRは「結節性」資源の発揮とみるべきである。こうして地方債IRにかかる総務省の利用資源は、「組織」資源から「結節性」資源へ移行したと考えられる。

②個別条件交渉方式への移行については、以前の統一条件交渉方式では総務省が全ての起債自治体の代表として条件を交渉したものであり「組織」資源の利用で対応した。他方で、個別条件交渉方式の導入により、総務省は個別地方債の条件交渉において役割を終えたことから、「組織」資源の投入機会は消失したものと考えられる。

③共同債については、本来は参加する自治体間で連携して幹事を選出し、金融機関との間で発行条件を交渉・決定するはずである。しかしながら制度の運用開始時より、総務省が自治体側から委任を受けて発行条件を交渉し決定する慣行となっている（グリーン共同債についても同様の予定）。ただ、総務省は委任に基づいて交渉にあたるのであり、「組織」資源の利用は比較的軽微といえ、「権限」資源とは無関係である。総務省は、発行自治体を架橋して意思疎通を

図る役割を果たしており「結節性」資源を利用していると考えられる。

　④許可制度から協議制度・届出制度への移行については、「組織」「権限」の２資源が関わる。許可制度では地方債の発行は原則禁止で、総務省の許可により例外的に禁止が解除される仕組みである。「組織」資源を投入して基準を厳格に定め、「権限」資源の運用も組織的に厳格に行われていた。協議制度への移行により発行が原則自由となり、主導権は自治体に移る。総務省の「組織」資源投入の機会は減少し、同意が原則不要であることから「権限」資源の消費も減少する[18]。さらに、届出制度への移行により総務省との協議が不要で届出のみで足りるため、「組織」「権限」両資源の消費はさらに減少することとなった。

　⑤財政健全化法については、旧法の下では、赤字比率が一定水準を超え自治体がいわゆる準用再建を選択する場合、自治体からの申出により財政再建計画を策定し、国の同意を得て財政再建を行う仕組みだった（国が関与しない自主再建もあり）。つまり、早期是正機能がなく、自治体の選択による再建という危機的状況に至ってようやく国すなわち総務省が関与し、総務省の「組織」「権限」両資源を大量に消費する仕組みであったといえる。

　他方で、新法の財政健全化法の下では、早期是正機能を設けて健全段階、早期健全化段階ならびに再生段階の３区分とし、原則再生段階で初めて総務省が関与する仕組みとした。財政再生計画策定は義務付けつつも、自主性を重視して総務省との協議と同意取得については自治体の任意である。また総務省は財政運営が計画に適合しない場合等に予算の変更等を勧告できる。つまり、再生段階で自治体が求めた場合の同意ならびに財政運営の適切性の判断等の場面で、総務省の「組織」「権限」両資源を消費する仕組みになったといえる。新法の早い段階からの自治体への財政規律付けと自主性への配慮のために、旧法に比し「組織」「権限」両資源の消費は相対的に減少しているものと考えられる。

　⑥SDGs債については、総務省は、地方財政計画等を通じて脱炭素化事業などへの取り組みを自治体に促しているものの、市場公募債形式での発行は自治体の自主性に任せる形を取る。総務省は地方債協会と連携して、研究会での市場関係者らとの議論などを経て、SDGs債発行過程にかかる情報提供と、グリ

ーン共同債発行では通常の共同債と同様の意思疎通面での支援を行っている。これらは「結節性」資源の投入とみてよいであろう。また、地方交付税の交付団体の場合、交付税措置される部分については「財源」の投入となる[19]。

以上の分析結果を整理すると以下の表1のようになる。

表1　経済性を追求した資源選択モデルによる分析結果

環境の区分	制度	制度変化の状況	資源数	資源の変化の態様
内部環境	①地方債IR	変化あり	1種類	組織資源→結節性資源
	②条件交渉方式	変化あり	1種類	組織資源→使用消失
	③共同債	新たに制度化	1種類	新たに結節性資源を使用
制度環境	④許可制度	変化あり	2種類	組織資源＋権限資源→両資源の使用が減少
	⑤財政健全化法	変化あり	2種類	組織資源＋権限資源→両資源の使用が減少
社会環境	⑥SDGs債	新たに制度化	2種類	新たに財源＋結節性資源を使用

[出所] 筆者作成

　以上の分析より総務省の市場公募債の制度変化においては、使用資源とその変化に一定の傾向が見出された。まず、市場公募債の制度では1990年代までは「組織」資源および「権限」資源の利用に依拠していた部分が大きい。しかしながら2000年代以降には変化していく。すなわち金融システムの危機などの緊急時の対応や、自治体間の連携による共同債発行やSDGsといった新たな政策課題への対応については、情報の受発信を基礎とする「結節性」資源の活用へのシフトが見られる。

　以上から、総務省による1990年代以降の市場公募債に関する制度変化については、政府の労力ならびに公的負荷の両観点で節約されてきた様子が窺われるといえるだろう。

第5節　おわりに―新型コロナ後における地方自治に求められるもの

　本稿では、フッドらの経済性を追求した資源選択モデルを援用し1990年代以降における市場公募債の制度変化にあてはめ、国・総務省による資源利用とその変化の分析を試みた。その結果、利用資源が情報受発信に重点を置く資源へと移行した様子を描き出した。

　新型コロナのような感染症は、社会環境へ大きなインパクトを与える。影響の大きさと範囲、スピードは想定困難である。加えて感染拡大期にはSDGsが一気に自治体行政の現場に入り込み（感染症も社会問題である）、自治体に求められる活動は格段に範囲が広がり深さも増した。新型コロナが社会環境と個々の自治体を直結した感がある。

　こうしてみると新型コロナ「後」には、国は自治体と適切に役割分担しつつ、限られた資源を適切に投入することが一層重要となるだろう。本稿の議論に即して言えば、自治体の取り組みを支援するために、市場から安定かつ効率的な資金調達を行う地方債制度の運用が欠かせない。また、これまでと同様に国と自治体間の連携を強固にすることが、総務省の結節性資源を有効に活用するうえで重要である。そのうえで不測の事態が生じた場合には、財源、権限そして組織等の資源も適切に組み合わせて対応することが求められる。

（注1）本稿では、総務省と密接な関係にある一般財団法人地方債協会（1979年4月全国知事会他地方3団体等が協同して設立）の活動を同省と一体的に捉える。当協会は同省と連携し、自治体の安定した資金調達のため、地方債の情報提供を行う他、調査研究・研修・地方債IR（後述）等の事業を行っている。
（注2）本稿の執筆にあたり地方債協会企画調査部には実務面についてご教示いただいた。ここに御礼を申し上げる。もちろん、本稿に含まれる全ての誤りは筆者の責に帰する。
（注3）なお、本稿では公営企業にかかる制度については考察の対象外とする。
（注4）なお、住民参加型市場公募地方債については性格がやや異なるために本稿では取り上げない。
（注5）早川は、フッドの社会的統制概念をコントロール論として整理し、経済性を重視した資源選択のあり方の議論と統合したうえで、国内の化学物質のリスク規制の変遷について時系列に比較分析を行った（早川2012）。本稿では、コントロール論自体は環境分野のリスク規制を念頭に構築されており援用困難と考え、後半の資源選択の議論のみを参照した。なお、早川の訳語を参考にした。

(注6) 東京都債のような発行規模が大きく流通性に富む地方債の発行団体は、より有利な発行条件を求めて個別発行を望んでおり、他方で引受証券会社側でも、引受後すぐに含み損を抱える場合もあったことから、以前から統一条件交渉方式に対する不満がみられたという。
(注7) 当時の竹中平蔵総務大臣は統一した条件が公正な取引に敵わないと指摘した。その後2006年8月の総務省地方債課事務連絡では、公正取引委員会から統一条件交渉方式の廃止の検討が望ましいとされた旨記載された。これらの経緯を経て個別条件交渉方式へ移行することとなった（小西2011、168頁）。
(注8) 第3節2(1)については、特に表記してある文献以外については、橋都（2018）の35-48頁を参照した。
(注9) 本稿では国すなわち総務省の関与を考察しているため、都道府県の関与部分は省略する。また、法令上「総務大臣」とある場合には国あるいは総務省と表記する。
(注10) ただ、同意のない場合には、自治体の長はあらかじめ議会に報告する必要があり、地方交付税制度による財源措置はない。もっとも、現在に至るまで同意のない発行は行われていない。
(注11) なお、協議制度においても、赤字団体等で実質赤字額が一定水準以上等の要件を満たした自治体や標準税率未満の課税実施自治体については、引き続き国の許可が必要とされ関与の特例が設けられた。
(注12) 「地域の自主性及び自立性を高めるための改革の推進を図るための関係法律の整備に関する法律」（平成23年法律第105号）。
(注13) なお、地方債のリスク・ウェイトをゼロとすることが第2次一括法審議の際に附帯決議されていたため、実質公債費比率18％以上等の自治体については関与の特例としての許可制度が維持され、地方債の信用力に影響を与えないようにされた（橋都 2018、42頁）。
(注14) 研究会の報告書では緩和の理由について、届出制度導入後に地方債制度が安定的に運用されていることや、市場では許可基準ほど協議不要基準が信用力の観点から強く意識されていないため、緩和しても信用が十分維持されるためとされた（総務省自治財政局地方債課・財務調査課2015、21頁）。
(注15) 以下の部分は、橋都（2018）の50-55頁を参照した。
(注16) なお、国の同意の有無で地方債の起債制限の範囲に違いがある。
(注17) 当委員会では、歴代の総務省自治財政局地方債課長が委員長代理を務めている。
(注18) もっとも健全化判断比率の水準次第では、起債時に総務省の許可が必要となることがある。この場合総務省の「権限」資源が重要である。但し、許可を要するのは例外的場合に限られよう。
(注19) 地方交付税は自治体の固有財源だが、総務省がルールに従い交付する点から財源の利用と考えた。

【参考文献】
Hood, Christopher C. and Helen Z. Margetts（2007）*The Tools of Government in the Digital Age*. Basingstoke: Palgrave Macmillan.
天羽正継（2018）「地方債の市場化と多様化」持田信樹・林正義編『地方債の経済分析』有斐

閣、57-86頁。
地方債協会（2021）『新型コロナウイルス感染症拡大の影響を踏まえた地方公共団体の資金調達方法と調達環境の整備について』令和２年度「地方債に関する調査研究委員会」報告書。
地方債協会（2022）『地方債市場の環境変化の点検と発展に向けた検討──個別発行と共同発行の比較を踏まえて──』令和３年度「地方債に関する調査研究委員会」報告書。
地方債協会（2023）『市場環境の変化局面が投資家に与える影響と投資ニーズを捉えた地方債による安定的な資金調達の検討』令和4年度「地方債に関する調査研究委員会」報告書。
グリーン共同発行団体（2023）『グリーン共同発行市場公募地方債フレームワーク』。
橋都由加子（2018）「地方債制度と国の関与の変遷」持田信樹・林正義編『地方債の経済分析』有斐閣、27-56頁。
早川有紀（2012）「環境リスク規制におけるコントロール──化学物質政策の政策手段の質的変容──」『環境経済・政策研究』5(2)、34–45頁。
小西砂千夫（2011）『市場と向き合う地方債──自由化と財政秩序維持のバランス』有斐閣。
共同発行37道府県・政令指定都市／地方債協会（2023）『共同発行市場公募地方債』。
総務省自治財政局地方債課・財務調査課（2015）『地方財政の健全化及び地方債制度の見直しに関する研究会報告書』。

第3章

感染症パンデミック時における地方税の期限延長規定の運用の在り方
——法人事業税に係る申告納付期限の延長を素材として——

小林　伸幸
（京都府庁・滋賀大学経済経営研究所客員研究員）

第1節　はじめに

　地方税法（以下「法」ともいう）は、地方税の徴収方法として、次の四つの方法を定めている。すなわち、普通徴収（法1条1項7号）、申告納付（同項8号）、特別徴収（同項9号）及び証紙徴収（同項13号）の四つである。その上で、いずれの税目にいずれの徴収方法を用いるかを定めている。例えば、固定資産税については普通徴収を用いることとしているし（法364条1項）、法人の事業税（以下「法人事業税」という）については申告納付を用いることとしている（法72条の24の12）。

　本稿[1]では、上記四つの徴収方法のうち申告納付に係る申告納付期限を対象に、感染症パンデミック時における、「災害その他やむを得ない理由」がある場合に申告等の期限を延長することができることを定めている地方税法20条の5の2第1項（以下「災害延長規定」ともいう）の運用の在り方を考察する。その理由は、次のとおりである。

　すなわち、新型コロナウイルス感染症（COVID-19）（以下「コロナ感染症」という）の影響により期限までに申告等をすることができない場合には、緊急避難的に災害延長規定を柔軟に運用することとされた。その結果、申告等の期限を延長する必要性及び延長を要する期間の長さを、租税行政庁（地方団体の長及び地方税法3条の2の規定により委任を受けた支庁等の長をいう。以下同じ）が実質的に審査をすることなく災害延長規定が適用されるなどという問題が生じた。そこで、将来、コロナ感染症のような感染症パンデミックが発生し

た場合に備えて、災害延長規定の運用の在り方を考察することとする[2]。

また、本稿では、考察の素材として法人事業税に係る申告納付期限の延長を用いることとする。その理由は、次のとおりである。第１に、法人事業税は、地方団体が自ら賦課徴収する申告納付に係る税目[3]の中で最も税収が高く[4]、基幹税といえる税目であることである。第２に、法人事業税は、法人の道府県民税及び法人の市町村民税（両税を併せて、以下「法人住民税」という）のように国税に係る申告納付期限を用いている税目[5]とは異なり、地方税法が独自に申告納付期限を定めている（法72条の25から72条の31）税目であることである。第３に、法人事業税に係る申告納付期限に対して災害延長規定を適用すべきか否かは、納税者の負担軽減の観点から、国税である法人税に係る申告納付期限の延長の取扱いを踏まえて判断すべき性質を有していることである[6]。

なお、本稿の構成は、次のとおりである。まず、災害延長規定の要件及び効果を概観する（第２節）。次に、コロナ感染症の影響による場合における災害延長規定の運用を概観する（第３節）。その上で、当該運用を踏まえて、コロナ感染症のような感染症パンデミックが発生した場合における災害延長規定の運用の在り方を考察する（第４節）。

第２節　災害延長規定の要件及び効果

まず、災害延長規定の法文を確認した上で（本節１）、その要件（本節２）及び効果（本節３）を概観する。

１．災害延長規定の法文

災害延長規定の法文は、次のとおりである。

地方税法（昭和25年法律第226号）（抄）
（災害等による期限の延長）
第20条の５の２　地方団体の長は、災害その他やむを得ない理由により、この法律又はこれに基づく条例に定める申告、申請、請求その他書類の提出（審査請求に関するものを除く。）又は納付若しくは納入に関する

> 期限までに、これらの行為をすることができないと認めるときは、次項の規定の適用がある場合を除き、当該地方団体の条例の定めるところにより、当該期限を延長することができる。
> ２～３　（略）[7]

　以上のとおり、災害延長規定は、「災害その他やむを得ない理由」により、地方税法又は同法に基づく条例に定める期限（以下「法定期限」という）までに申告等の「行為をすることができない」と認めるときは、地方団体の長は、条例の定め（この定めを、以下「災害延長条項」という）に基づき、当該期限を延長することができることを定めている。

　実際の条例では、次のような二つの方式により法定期限を延長することができることを定めている[8]。一つは、法定期限の延長を受けようとする納税者(特別徴収義務者を含む。以下同じ）の申請に基づいて租税行政庁が当該期限を延長することができるという規定[9]である（この延長の方式を、以下「個別指定方式」という）。もう一つは、納税者の申請に基づかないで、租税行政庁が地域及び期日を指定して法定期限を延長することができるという規定[10]である（この延長の方式を、以下「地域指定方式」という）。

　なお、個別指定方式は、「災害その他やむを得ない理由」が個別的な事情又は比較的狭い範囲に適用される事情である場合に用いられ[11]、地域指定方式は、「災害その他やむを得ない理由」が比較的広い範囲で一般的に適用される事情である場合に用いられる[12]。

２．災害延長規定の要件

　災害延長規定の適用要件のうちで重要なものは「災害その他やむを得ない理由」及び「行為をすることができない」であると考えられるから、以下、これらの意義を概観する。

(1)　「災害その他やむを得ない理由」の意義

　地方税務研究会編（2017）は、「災害その他やむを得ない理由」の意義を次

のように説いている。「震災、風水害、落雷、なだれ等天災による災害及び火災（失火を含み、自己の放火を含まない。）等人為的災害（自己の意思によるものを除く。）並びに納税者自身の疾病その他広範囲にわたる交通の途絶等により申告又は納付等の行為をすることができないと認められるやむを得ない事実をいい、資金不足又はその者の責めにより納付等ができないと認められる事実を含まない。」[13]（下線は筆者による）。

以上の説明によると、「災害その他やむを得ない理由」は、天災のみならず、人為的災害、疾病、交通の途絶など広く解される[14]。こうした場合に法定期限を延長し、他の納税者よりも有利に取り扱うことを正当化する根拠は、どこに求められるのであろうか。

この点については、地方税務研究会編（2017）などの逐条解説では説かれていないものの、災害減免法[15]の適用などによる租税減免措置が正当化される根拠として説かれる人道的・共益的配慮[16]に求めることができると考えられる。すなわち、災害等を理由に法定期限を延長することを正当化する根拠は、「天災にあわないですんだ人々から、不幸にして天災に遭遇した被災者に対する人道的配慮」[17]を観念することができるとともに、「天災にあわないですんだ人であっても明日は天災に遭遇するかもしれないのであるから人助けをすべきである、すなわち『明日は我が身』『情けは人のためならず』といういわば共益的配慮」[18]を観念することができることに求められると考えられる。

(2) 「行為をすることができない」の意義

次に、「行為をすることができない」の意義については、物理的に申告等の行為をすることができないことをいうと解される[19]。なぜなら、物理的に申告等の行為をすることができる場合——例えば、代理人等を通じて申告等の行為をすることができる場合——には、法定期限を延長する必要性を認め難いからである[20]。

3．災害延長規定の効果

次に、法人事業税に係る申告納付期限を例として、災害延長規定が適用され

た場合の効果を概観する。

　まず、直接的な効果としては、当然のことながら、申告期限及び納付期限が延長されることとなる（法20条の5の2第1項）。

　次に、間接的な効果としては、次の3点を挙げることができる。

　第1に、申告期限が延長されると、延長後の期限までの申告については、期限内の申告となるから[21]、期限後の申告に対して課される不申告加算金（法72条の46第2項から8項）は課されないこととなる。

　第2に、納付期限が延長されると（申告期限が延長されたことに伴い、その限度で納付期限が延長される場合[22]を含む。以下同じ）、延長後の期限までの納付については、期限内の納付となるから[23]、期限後の納付に対して課される延滞金（法72条の45第1項）は課されないこととなる[24]。

　第3に、納付期限が延長されると、延長後の期限が法定納期限となるから（法11条の4第1項柱書括弧書）、法定納期限の翌日を起算日とする更正、決定又は加算金の決定（これらの処分を併せて、以下「更正等」という）に係る除斥期間（法17条の5第1項）も延長されることとなる。併せて、確定申告及び修正申告についても当該延長後の除斥期間の経過前まですることができることとなる[25]。

　以上のとおり、災害延長規定が適用されると、申告期限及び納付期限が延長されることから、延長後の期限までに申告納付があれば、不申告加算金及び延滞金は課されないこととなる。立法論としては、不申告加算金についてはその罰科金的な性質[26]を重視して課さないことに正当性があるとしても、延滞金については法定期限内に納付した者との均衡[27]を図る観点から、通常と同じ割合又はそれよりも低い割合の延滞金を課すという選択も考えられそうである[28]。とはいえ、現行法は延滞金を課さない選択をしている。こうした選択を正当化する根拠についても、前記（本節2(1)）の災害等を理由に法定期限を延長することを正当化する根拠と同様に、人道的・共益的配慮に求めることができると考えられる。

第3節 コロナ感染症の影響による場合における災害延長規定の運用

次に、コロナ感染症の影響による場合において、どのように災害延長規定が運用されたのかを概観する。

1．総務省から都道府県に対する要請

前記（第2節2(1)）のとおり、災害延長規定の適用要件である「災害その他やむを得ない理由」は疾病等を含む広い概念であるから、コロナ感染症の影響により法定期限までに申告等の行為をすることができないと認められるときは、当該規定の適用要件を満たすこととなる。

コロナ感染症の感染が拡大し、法定期限までに申告等の行為をすることができない納税者が多数に上ること[29]が見込まれたことから、総務省は、令和2年4月21日付けで各都道府県宛てに事務連絡を発出し、法人課税関係に係る災害延長規定の適用については、「国税における取扱いを踏まえ、申告期限等の延長について事前の申請書等の提出を不要とするなど、柔軟に対応されるようご配慮願います。」という要請を行った[30]。

ここにいう「国税における取扱い」とは国税庁（2020）をいう。その内容は次のとおりであり、四つの問いに対する国税庁の見解が示されている。

第1に、コロナ感染症の影響がある場合において、どのような場合であれば申告納付期限の延長が認められるのかという問いに対して、次の見解が示されている。すなわち、コロナ感染症の影響により「法人がその期限までに申告・納付ができないやむを得ない理由がある場合には、申請していただくことにより期限の個別延長が認められ」る。「やむを得ない理由」に該当する例として、法人の役員や従業員等が「感染したようなケースだけでなく、次のような方々がいることにより通常の業務体制が維持できないことや、事業活動を縮小せざるを得ないこと、取引先や関係会社においても感染症による影響が生じていることなどにより決算作業が間に合わず、期限までに申告が困難なケースなども該当する」。ここにいう「次のような方々」としては、「体調不良により外出を

控えている方」、「平日の在宅勤務を要請している自治体にお住いの方」、「感染拡大防止のため企業の勧奨により在宅勤務等をしている方」及び「感染拡大防止のため外出を控えている方」が挙げられている。

　第2に、延長後の申告納付期限はいつになるのかという問いに対して、次の見解が示されている。すなわち、「申告・納付ができないやむを得ない理由がやんだ日から2か月以内の日を指定して申告・納付期限が延長される」。「申告書等を作成・提出することが可能となった時点で申告を行ってください。」

　第3に、申告以外の手続も延長の対象になるのかという問いに対して、「各種申請や届出など」も延長の対象になるという見解が示されている。

　第4に、延長の申請にはどのような手続が必要になるのかという問いに対して、次の見解が示されている。すなわち、「別途、申請書等を提出していただく必要はなく、申告書の余白に『新型コロナウイルスによる申告・納付期限延長申請』である旨を付記していただくこととして」いる。「この場合、申告期限及び納付期限は原則として申告書等の提出日とな」る。

２．都道府県の運用

　都道府県は、前記（本節１）の総務省の要請を受けて、法人事業税に係る申告納付期限に対する災害延長規定の適用について柔軟に運用することとした。すなわち、コロナ感染症の影響により災害延長規定の適用を受けようとする場合は、その適用を求める申請書（以下「災害延長申請書」という）の提出は不要とし、申告書の余白に「新型コロナウイルスによる申告・納付期限延長申請」である旨を付記すること（この方法を、以下「簡易申請」という）で足りることとした[31]。

第4節　感染症パンデミック時における災害延長規定の運用の在り方

　前記（第3節2）のとおり、コロナ感染症の影響により災害延長規定の適用を受けようとする場合は、簡易申請で足りることとされたが、こうした運用は

どのように評価されるべきであろうか。以下では、この点を考察した上で（本節１）、これを踏まえて感染症パンデミック時における災害延長規定の運用の在り方を考察する（本節２）。

１．簡易申請に対する評価

　前記（第２節１）のとおり、災害延長規定を適用する方式としては、個別指定方式と地域指定方式の二つがある。いずれの方式を用いるかは、「災害その他やむを得ない理由」が個別的な事情・比較的狭い範囲に適用される事情であるか、比較的広い範囲で一般的に適用される事情であるかを基準として判断される。

　コロナ感染症の影響による場合は、広い範囲で影響は生じていたものの、その影響の程度は個々の納税者によって異なることから、個別指定方式を用いた上で、簡易申請で足りることとされた。その結果、納税者は災害延長申請書を作成する負担を免れ、租税行政庁も当該申請書を審査する負担を免れた。こうしたことからすると、簡易申請は効率的な運用であったと評価することができる。その一方で、次のような問題を抱えていた。

　第１に、都道府県の中には、災害延長条項又は規則で、災害延長申請書の記載事項などの形式要件を定めている団体[32]、あるいは、当該申請書に延長を必要とすることを証明する書類（以下「罹災証明書」という）の添付を求めている団体[33]がある。これらの団体が簡易申請をもって法定期限を延長した場合は、当該災害延長条項又は規則の定めに抵触することとなる。

　第２に、都道府県の中には、災害延長条項又は規則で、法定期限を延長した場合は、その旨を納税者に通知をすることを定めている団体[34]がある。当該団体が簡易申請をもって法定期限を延長した場合に当該通知をしていなければ、当該災害延長条項又は規則の定めに抵触することとなる。

　第３に、簡易申請の場合には罹災証明書の添付を求めていないから、租税行政庁は、個々の申請を実質的に審査することなく法定期限を延長することとなる。このことは、災害延長規定の適用要件を満たさない納税者による簡易申請を誘発し得ることとなる。

２．感染症パンデミック時における災害延長規定の運用

　コロナ感染症のような感染症パンデミック時には、広い範囲に影響が生じるものの、その影響の程度は個々の納税者によって異なることから、地域指定方式を用いることは適当ではないと解される。とはいえ、個別指定方式を用いると多数の申請が見込まれることから、租税行政庁が個々の申請を実質的に審査することは難しくなる。

　こうした事情に鑑みると、コロナ感染症の影響による場合に簡易申請が用いられたことは、現実的な対応であったと考えられる。もっとも、簡易申請は前記（本節１）のような問題を抱えていたから、その問題は解消されるべきであろう。その対応策の一つとして、次の制度を導入することが考えられる。すなわち、国税通則法施行令（以下「施行令」という）３条２項が定めている対象者を指定して期限を延長する方式（以下「対象者指定方式」という）を災害延長条項に追加することである。

(1)　施行令３条２項に基づく対象者指定方式の内容

　施行令３条２項に基づく対象者指定方式の内容は、次のとおりである。すなわち、同項は、「災害その他やむを得ない理由により」、法律の定める期限までに、「電子情報処理組織を使用して行う申告その他の特定の税目に係る特定の行為をすることができないと認める者」（以下「特定対象者」という）「が多数に上ると認める場合には」、国税庁長官は、「対象者の範囲及び期日を指定して当該期限を延長するものとする。」と定めている。

　同項に基づく対象者指定方式は、従前の個別指定方式及び地域指定方式に加えて、平成29年に創設された（国税通則法施行令の一部を改正する政令（平成29年政令第112号）施行後の施行令３条２項）。その創設の意義は、次のように説かれている。すなわち、国税電子申告・納税システム（e-Tax）に障害が生じて多数の納税者が同システムを使用して申告をすることができなくなった場合などにおいては、その影響を受ける納税者は特定の地域に集中していないから、地域指定方式を用いることは適当ではない。併せて、多くの納税者に個別に申請を求める個別指定方式を用いることも適当ではない。こうしたことを踏

まえて、「災害等の理由により申告等をすることができなくなる納税者の態様に応じて迅速・的確に対応する観点」から対象者指定方式が創設された[35]。

同項に基づく対象者指定方式は、e-Taxなどのシステム障害の場合のみならず、感染症の影響などにより特定対象者が多数に上ると認められる場合においても適用される。その実例として令和2年3月6日付け国税庁告示第1号及び令和3年2月15日付け国税庁告示第3号がある。これらの告示では、「新型コロナウイルス感染症拡大防止の観点」[36]から、個人が行う所得税や贈与税等に係る申告等の期限を延長することが示された。

(2) 対象者指定方式の災害延長条項への追加

都道府県が定めている災害延長条項をみると、熊本県及び大分県においては既に対象者指定方式が導入されている（熊本県税条例15条2項、大分県税条例12条3項）[37]。もっとも、これまでに両県において対象者指定方式が適用された事例はない[38]。今後、両県以外でも対象者指定方式が導入されて、感染症パンデミック時において対象者指定方式が用いられる場合には、税目の性質、納税者間の公平、納税者の予測可能性、納税者及び租税行政庁の負担等を考慮して、対象者及び期日を指定することが適当であると考えられる。

これを法人事業税の場合について考えると、法人事業税の所得割は原則として法人税に係る所得に基づいて算出される[39]ことから（法72条の23第1項）、法人事業税に係る申告は、法人税に係る申告を前提にしているものといえる。また、法人事業税及び法人税に係る申告は、いずれも確定した決算に基づいて行われるところ（法72条の25第1項、法人税法74条1項等）、決算の確定手続が感染症の影響により申告納付期限までに行うことができない場合には、当該期限の延長を受けることができる。その延長に係る適用要件は、地方税及び国税とも「災害その他やむを得ない理由により」申告等の「行為をすることができないと認めるとき」（法20条の5の2第1項、国税通則法11条）とされているから、法人税に係る申告納付期限の延長が認められた場合は、法人事業税に係る申告納付期限に対する災害延長規定の適用要件も満たすものと考えられる。さらに、申告納付期限の延長に係る申請及び当該申請に対する審査を地方

税と国税で二重に行うことは、納税者及び租税行政庁の双方にとって負担となる。

こうしたことを考慮すると、感染症パンデミック時において、対象者指定方式を用いて法人事業税に係る申告納付期限を延長する場合には、指定する対象者を、一定の期間内に申告納付期限が到来する納税者のうち、当該感染症の影響により法人税に係る申告納付期限の延長を受けた者とし、指定する期日を、法人税に係る延長後の申告納付期限の日（又は同日から1月を経過する日）とすることなどが考えられよう[40]。

第5節　おわりに

本稿では、法人事業税に係る申告納付期限の延長を素材として、感染症パンデミック時における災害延長規定の運用の在り方を考察した。コロナ感染症の影響による場合は、災害延長規定の適用は個別指定方式を用いた上で、簡易申請で足りることとされた（第3節2）。こうした運用は現実的な対応であったと考えられるが、幾つかの問題を抱えていた（第4節1）。その問題を解消する対応策の一つとして、本稿では、対象者指定方式を災害延長条項に追加することを考察した（同節2）。もっとも、そのほかの対応策も考えられることから、今後、各地方団体の創意工夫により、納税者の予測可能性を確保しつつ、公平かつ適正に運用することのできる災害延長条項が定められることを期待して、本稿を終了する。

(注1)　本稿は、筆者が属する機関の見解ではなく、筆者個人の見解を示すものである。
(注2)　岩﨑政明（2017）186頁は、災害に対する租税政策の検討・構築を平時に行う必要性を次のように説いている。「災害に対する租税政策を検討することは、災害が起こってからでは遅い。災害に対する備えは、避難経路の確認や避難グッズの備蓄等だけでなく、租税制度の構築についても、平時において万全を期する必要がある。」
(注3)　地方団体が自ら賦課徴収する申告納付に係る税目としては、法人事業税（法72条の24の12）のほか、法人の道府県民税（法53条）、法人の市町村民税（法321条の8）、自動車税の環境性能割（法159条）、事業所税（法701条の45）などがある。なお、地方消費税も申告納付に係る税目であるが（法72条の86）、その賦課徴収は国税である消費税

と併せて国が行うこととされている（法72条の100第1項、附則9条の4第1項）。
（注4）法人事業税の税収は、令和3年度実績で、全都道府県合計4兆7,428億3,800万円であり、全都道府県税収の23.8パーセントを占めている（地方税務研究会編（2023）22頁）。
（注5）法人住民税に係る申告納付期限は、国税である法人税に係る申告納付期限を用いている（法53条、321条の8）。このため、法人税に係る申告納付期限が延長されると、これに併せて法人住民税に係る申告納付期限も延長されることとなる。
（注6）法人事業税及び法人税に係る申告納付は、いずれも、原則として各事業年度終了の日から2月以内にしなければならない（法72条の25第1項、72条の28第1項、法人税法74条1項）。また、災害等による申告納付期限の延長の要件は、地方税及び国税とも「災害その他やむを得ない理由により」申告等の「行為をすることができないと認めるとき」（法20条の5の2第1項、国税通則法11条）とされているから、当該延長が認められるか否かの判断は、理論的には、法人事業税と法人税で異なるところはない。なお、谷口勢津夫（2022）は、災害等に係る租税問題の対応策として、「国税と地方税、実体的措置と手続時措置を包括する種々の対応措置の適用関係を体系的に整理し明らかにするために」「『税務緊急事態基本法』ともいうべき法律を制定しておくべきである。」という。
（注7）地方税法20条の5の2第2項及び3項は、地方税関係手続用電子情報処理組織等（eLTAX等のシステム）の故障その他やむを得ない理由がある場合において総務大臣が行う法定期限の延長に関する要件及び手続を定めている。
（注8）一部の地方団体では、ここに示した二つの方式のほかに、納税者の申請に基づかないで、租税行政庁が対象者及び期日を指定して法定期限を延長することができるという規定を定めている（第4節2(2)参照）。
（注9）例えば、東京都都税条例17条の2第2項、3項、大阪府税条例11条1項、2項本文。
（注10）例えば、東京都都税条例17条の2第1項、大阪府税条例11条1項、2項ただし書。
（注11）地方税務研究会編（2017）645頁参照。
（注12）地方税務研究会編（2017）645頁参照。
（注13）地方税務研究会編（2017）645頁。
（注14）なお、eLTAXのシステム障害についても「その他やむを得ない理由」に該当すると解される（総務省自治税務局企画課・市町村税課（2017））。
（注15）正式には「災害被害者に対する租税の減免、徴収猶予等に関する法律」（昭和22年法律第175号）という。
（注16）岩﨑政明（2017）181頁、185頁。
（注17）岩﨑政明（2017）181頁。
（注18）岩﨑政明（2017）181頁。
（注19）武田昌輔監修（1982）911頁参照。左の文献は、国税通則法11条にいう「行為をすることができない」の意義を解説したものであるが、同解説は、地方税法20条の5の2第1項にいう「行為をすることができない」の意義にも妥当すると解される。
（注20）最決昭和60年2月27日刑集39巻1号50頁は、刑事事件の捜査により帳簿書類が押収され、かつ逮捕されて、所得税に係る申告納付期限まで納税者が身体の拘束を受けていた事案において、預金通帳等の「所在を明らかにして専門家に所得税の確定申告・納付手続を委任するなどの代替的手段によつて、期限までに確定申告・納付手続を執ること

が十分可能であつたと認められるから」「身体が拘束され、帳簿書類が押収されていた事実は、国税通則法11条にいう『災害その他やむを得ない理由』にあたらない」と判断している。
（注21）地方税務研究会編（2017）646頁参照。
（注22）申告期限が延長されると、当然に、その延長された限度で納付期限も延長されると解される（地方税務研究会編（2017）646頁参照）。
（注23）地方税務研究会編（2017）646頁、702頁。
（注24）なお、地方税法20条の9の5第1項は、災害延長規定の適用により納付期限が延長された場合には、その延長された期間に対応する部分の延滞金を免除することを定めている。同項は、個別の条文を適用すると延滞金が課されることとなる場合であっても、当該延滞金を免除することを定めた規定である（地方税法総則研究会編（1994）514-515頁、地方税務研究会編（2017）702-703頁参照）。
（注25）確定申告及び修正申告については、更正等と異なり、除斥期間に関する定めはないが、これらの申告をすることができる期間は、地方団体が更正等をすることができる期間と同一であると解される（地方税務研究会編（2017）522-523頁参照）。
（注26）自治省府県税課編（1995）406頁。
（注27）自治省府県税課編（1995）392頁参照。
（注28）例えば、地方税法72条の45の2第1項は、各事業年度の決算についての定時総会が法定納期限までに招集されない常況にあることなどを理由として法人事業税に係る申告納付期限が延長されている場合においても、法定納期限の経過後から延長後の申告納付期限までの間は通常よりも低い割合の延滞金が課されることを定めている。
（注29）法人事業税及び法人の道府県民税は、一の申告書をもって申告することとされている（地方税法施行規則第6号様式等）。東京都の事例では、両税の申告納付期限について、コロナ感染症の影響により災害延長規定の適用を求める申請件数は、令和2年度が5万63件、令和3年度が2万7,156件、令和4年度が2万806件であった（東京都から開示された公文書による）。また、当該申請が認められなかった件数は、令和2～4年度の合計で1件のみであった（同前）。
（注30）総務省自治税務局企画課（2020）に基づく要請。なお、当該要請は、「感染症の予防及び感染症の患者に対する医療に関する法律」におけるコロナ感染症の位置付けが五類感染症に改められたことを受けて、令和5年8月31日をもって廃止された（総務省自治税務局企画課長（2023）下記1⑥）。
（注31）例えば、東京都主税局（2023）、大阪府（2023）を参照。
（注32）例えば、東京都都税条例17条の2第3項、大阪府税規則様式第17号。
（注33）例えば、東京都都税条例17条の2第3項柱書、大阪府税規則様式第17号。
（注34）例えば、茨城県県税条例20条5項、東京都都税条例施行規則11条。
（注35）藤山智博ほか（2017）1039頁〔門脇瞬有＝藤﨑直樹〕。
（注36）武田昌輔監修（1982）917頁。
（注37）和歌山県及び長崎県においても対象者を指定して延長を行う方式は導入されているが、その規定の仕方から、電子情報処理組織に障害が生じた場合に限り延長を行う方式であると見受けられる（和歌山県税条例14条2項、長崎県税条例5条3項）。なお、こ

(注38) 令和5年11月20日に筆者が両県に確認した。
これまでに両県において当該方式が適用された事例はない（令和5年11月20日に筆者が両県に確認した）。
(注39) 法人事業税の所得割の更正又は決定についても法人税に係る所得に基づかなければならないから（法72条の39）、租税行政庁が「自ら調査したところに基づいて直ちに法人事業税の更正又は決定をすることはできない」（自治省府県税課編（1995）364-365頁）。
(注40) ここで考察した対象者及び期日の指定は、法人税に係る申告納付期限が適正に延長されていることを前提としている。その前提の適正性をどのような仕組みによって担保していくべきかについては、今後の検討課題としたい。

【参考文献】

岩﨑政明（2017）「災害と租税」金子宏監修、中里実ほか編『現代租税法講座　第2巻　家族・社会』日本評論社、173-186頁

大阪府（2023）「令和5年8月7日までの新型コロナウイルス感染症に係る府税の申告・納付等の期限延長について」［https://www.pref.osaka.lg.jp/zei/alacarte/korona_encyou.html］（令和5年11月30日最終閲覧）

国税庁（2020）「法人税及び地方法人税並びに法人の消費税の申告・納付期限と源泉所得税の納付期限の個別指定による期限延長手続に関するFAQ」（現在は国税庁ホームページで閲覧できないが、後記「総務省自治税務局企画課（2020）」で確認できる）

自治省府県税課編（1995）『事業税逐条解説』地方財務協会

総務省自治税務局企画課・市町村税課（2017）「eLTAXの不具合による地方税に係る申告等の期限の延長について」（平成29年1月31日付け各都道府県税制担当課・市町村担当課宛て事務連絡）

総務省自治税務局企画課（2020）「新型コロナウイルス感染症の拡大等による申告期限の取扱いについて（法人課税関係）」（令和2年4月21日付け各都道府県税務担当課・市区町村担当課宛て事務連絡）

総務省自治税務局企画課長（2023）「令和5年9月以降における新型コロナウイルス感染症に関する各種通知及び事務連絡等の取扱いについて」（令和5年8月23日付け総税企第79号各道府県総務部長及び東京都総務・主税局長宛て通知）

武田昌輔監修（1982）『DHCコンメンタール国税通則法　第1巻』第一法規、加除式（令和5年4月5日発行追録第274-277号まで加除済み）

谷口勢津夫（2022）「谷口教授と学ぶ『国税通則法の構造と手続』【第8回】『国税通則法（10条及び）11条』──災害等による期限の延長──」『Profession Journal』No.494［https://profession-net.com/professionjournal/general-rule-article-170/］（令和5年11月30日最終閲覧）

地方税法総則研究会編（1994）『新訂　逐条問答　地方税法総則入門』ぎょうせい

地方税務研究会編（2017）『地方税法総則逐条解説』地方財務協会

地方税務研究会編（2023）『令和5年　地方税関係資料ハンドブック』（月刊「地方税」別冊）地方財務協会

東京都主税局（2023）「【法人事業税・法人都民税】新型コロナウイルス感染症の影響により

期限までに申告等をすることが困難な場合の手続について」〔https://www.tax.metro.tokyo.lg.jp/ncov/new_virus_hojin.html〕（令和５年11月30日最終閲覧）

藤山智博ほか（2017）『平成29年版　改正税法のすべて』大蔵財務協会

第4章

アフターコロナの地方自治体の個人情報保護法制

上拂　耕生
(熊本県立大学総合管理学部教授)

第1節　はじめに

　本記念誌の共通テーマ「コロナ後（アフターコロナ）」とは、一般に新型コロナが収束した後という時期的な意味で使われる。2023年5月8日、新型コロナに対する感染症予防法上の位置づけが「2類相当」から「5類」へと移行したが[1]、その約1か月前、地方自治体の個人情報保護法制にも大きな「変容」があった。2023年4月、2021年改正の個人情報保護法が全国すべての地方自治体に適用される形で施行され、これに伴い、独立条例としての個人情報保護条例は廃止された（多くの自治体では、法律実施条例としての「個人情報保護法施行条例」が制定・施行された）。

　改正前の個人情報保護法制は、「セグメント方式」と「分権的法制」という2つの特色を有するとされた[2]。セグメント方式とは、民間部門を対象とする規制（旧個人情報保護法の第3章以下）と、公的部門、すなわち国の行政機関等を対象とする規制（行政機関個人情報保護法や独立行政法人等個人情報保護法）がそれぞれ別個の法律として定められ、つまり官民分離方式を意味する。分権的法制とは、公的部門の中でも国の行政機関等とは別に、全国の地方自治体（都道府県や市区町村）がそれぞれ個人情報保護条例を制定している態様を意味する。分権的法制が成立した背景には、第1に、一般法としての個人情報保護法がない時代に、地方自治体が国に先駆けて個人情報保護条例を制定し、その後全国の自治体に普及するなど、個人情報保護法制は「自治体先行」「自治体先導」で行われてきたこと、第2に、国の個人情報保護法制の整備時期が、第1次地方分権改革と同時期であったという歴史的事情が挙げられる[3]。こ

のような特色を有する個人情報保護法制は、自治体の創意工夫を促し、その情報が共有されることによって、法の発展を促す長所があるなど[4]、積極的評価もなされていた。

　個人情報保護法制は、高度情報化社会の到来に伴い生成したと言えるが、その後IT・ICTの急速な普及、ビッグデータ等のデータ社会の進展、人工知能（AI）を含むデジタル社会の加速度的発展などの社会的背景により、その改正・見直しが行われている。近年は、セグメント方式と分権的法制という特色をもつ「保護3法＋条例」の枠組みに対して、官民を通じた個人情報の流通と共有を阻害しているなど消極的評価がなされ、「個人情報保護法制2000個問題」という有り難くない言葉も人口に膾炙した[5]。2021年の個情法改正では、従来の「保護3法＋条例」の基本的枠組みが抜本的に見直され、個情法に統合・一本化された。地方自治体についても全国的な共通ルールが定められ、官民の監督監視機関も国の個人情報保護委員会に一元化された。

　このような統合・一元化の重要な背景には、①デジタル社会の進展のもとで新産業創出のためのパーソナルデータの利活用の推進、②デジタル・ガバナンスの名のもと行政のデジタル化のため官民共通ルールによるデータ流通を促進する基盤の構築のほか、③グローバル化への対応、すなわちEUのGDPR（一般データ保護規則）十分性認定に典型されるように、外国等との相互認証など個人情報保護の国際協調などがあった[6]。「2000個問題」の解消に象徴されるように、デジタル化の現代的社会情勢に鑑みれば、個人情報保護法制はその設計上「統一化」「平準化」の要請がある。他方、地方分権の推進の歴史からすれば、自治体が先駆けて個人情報保護制度を発展させてきた経緯もある[7]。実際、憲法上の地方自治の保障、地方ごとの実情を踏まえた地方分権の推進に逆行するなどの観点から、個人情報保護法制の「一元化」「統一化」志向への批判も少なくない[8]。

　本稿では、自治体の個人情報保護法制の歴史を簡潔に概観し、その経緯から、①地方分権の推進、②自治体法務、③デジタル社会という3つ視点を抽出した上で、この視点から、紙幅の関係上、個人情報保護の「過剰反応」、自治体の先進的な取組み、デジタル化への対応をとりあげて考察し、そして、アフター

コロナにおいて自治体の個人情報保護法制で議論すべき点を明らかにする。

第2節　自治体個人情報保護法制の歴史——3つの視点——

　わが国では、1984年春日市、1985年川崎市を嚆矢として、80年代に各自治体において個人情報保護条例の制定が始まった。1990年には、神奈川県が都道府県で初めて個人情報保護条例を制定した。その後、個人情報保護条例は全国の多くの自治体に拡大していき、2008年時点で都道府県・市区町村における制定率は100％に達した[9]。地方自治体が国に先駆けて、地域の需要に応える先進的条例を制定するケースは、公害防止条例、環境アセスメント条例、景観条例、空き家対策条例など従来から多くの例がみられるが、情報公開や個人情報保護の分野も、自治体が国に先駆けて取り組んだ重要な課題であり、分権的法制が成立した大きな要因と言える[10]。

　個人情報保護法制は「自治体先行」で発展したが、国法では、1988年に行政機関電子計算処理個人情報保護法（旧行個法）の制定を経て、住基ネットの導入、OECD勧告と95年EU保護指令への対応、民間部門における個人情報の大量漏えい事件の頻発などを背景に、2003年に「保護3法」（個人情報保護法、行政機関個人情報保護法、独立行政法人等個人情報保護法）が成立した。これを受けて、多くの自治体では個人情報保護条例を一部改正し、未制定の自治体では新たに条例を制定した。ここでは、国の法律（行個法）を「標準」として、各自治体が独自に条例を制定して個人情報保護ルールを定め、個人情報保護に関する事務を展開するという状況が生成された。

　ICTの飛躍的進歩やデータ社会の進展を踏まえ、個人情報保護法は、2015年に大幅な改正が行われた（行個法・独個法も2016年、監督監視機関を除き、ほぼ類似の改正がなされた）。個人識別符号が個人情報の概念に含められ、要配慮個人情報の扱いに関する新規定、匿名加工情報制度の新設等とともに、個人情報保護委員会を設立し、民間事業者に対する監督機関が主務大臣制から同委員会に一本化された。また、小規模事業者の適用除外[11]も撤廃された。ただし、主体により適用法を区分する従来の「保護3法＋条例」の基本枠組みはなお維

持された。この法改正の背景には、EUの十分性認定を受けることを目的とし、EU及び十分性認定を受けた国・地域とのデータの自由な流通を図る狙いがあったとされる[12]。

　2015年個情法改正の際、附則において「個人情報の保護に関する法制の在り方について検討する」旨規定されたことを受け、内閣官房の「個人情報保護制度の見直しに関するタスクフォース」が設置された。同「個人情報保護制度の見直しに関する最終報告」（2020年12月）では、「地方公共団体の条例による規律とその課題」として、「社会全体のデジタル化に対応した個人情報保護とデータ流通との両立が要請される中、地方公共団体ごとの条例の規定や運用の相違がデータ流通の支障となり得る、条例がないなど求められる保護水準を満たさない地方公共団体がある、といった指摘もされ、データ利活用を円滑化するためのルールや運用の統一を求める声が主として民間サイドから高まりつつある」とし（同報告32頁）、「法制化の方向性」として、「全ての地方公共団体等に適用される全国的な共通ルールを法律で規定することが効果的であり、適当である」として、統一的なルール及び運用が提案された（同報告33頁）。

　個情法は2020年改正を経て、デジタル社会形成整備法の一環として、2021年に抜本的な改正が行われた。これにより、従来の「保護3法＋条例」の基本的枠組みがはじめて見直され、保護3法は個人情報保護法に統合・一本化された（行個法・独個法は廃止）。地方自治体についても全国的な共通ルールが定められ、これら全体の監督監視機関も個人情報保護委員会に一元化された。とはいえ、個人情報の取扱いルールは官民の間で内容的に大きく異なる部分もあることから、民間事業者には法第4章の規定、行政機関等（地方自治体の機関を含む）には法第5章の規定がそれぞれ適用され、つまり公的部門に関する特別規定を定めており、その限りでは、完全に一本化されたわけではない[13]。

　以上、地方自治体の個人情報保護法制の歴史を簡単に概観したが、それは、⑴条例のみの時期、⑵「保護3法＋条例」の時期、⑶一元的な個人情報保護法の時期、の3つに区分できる。そして、自治体の個人情報保護法制は、①地方分権の推進、②自治体法務、③デジタル社会への対応、という3つの視点からも捉えることができる。

(1)では、個人情報保護に関する一般的法律がない状況で、多くの自治体が地域の実情に鑑み個人情報保護条例を制定し、とりわけ住民のプライバシー及び権利を保護した。例えば、条例に基づき教育情報や医療情報の本人開示が保障されるなど自己情報へのアクセスを権利として保障した点で、個人情報保護法制の発展に大きく貢献したと言えよう[14]。ここに、地方分権の1つの旗印としての個人情報保護法制という視点を見出すことができよう。

(2)では、「保護3法＋条例」という枠組みのもと、各自治体は行個法等を「標準」として、条例に基づき、地域の実情を踏まえた個人情報保護施策を展開した。国との「対等・協力」の関係のもと、個人情報保護条例及び関連法令の解釈・運用をしたが、マイナス面としていわゆる「過剰反応」（過剰反応は主に民間部門の生じた問題であるが、一部の自治体にもみられた）がある。プラス面としては、地域課題に対応しながら住民のプライバシー権や個人情報を保護するため創意工夫した施策が、少なからぬ先進的な自治体においてみられた。ここには、自治体法務としての個人情報保護法制という視点があろう。

(3)は、2021年改正により、セグメント方式と分権的法制という特色をもつ「保護3法＋条例」という基本枠組みが抜本的に見直され、全国の自治体にも、国の法律＝統合・一本化された個人情報保護法の共通ルールが適用されることになった。ただ、かかる法制上の「統一化」「一元化」の要請は、2015年個情法改正の頃からみられた。小規模事業者を含むすべての民間事業者を対象に（5,000件要件を撤廃）、民間部門の監督を個人情報保護委員会に一元化したほか、データ社会への対応（データを活用した新たな事業の創出）のため匿名加工情報制度が新たに導入された。すなわち、国際的なデータの自由な流通または個人データ活用による新規事業の創出を企図する観点からは、セグメントな分権的仕組みよりも統一的な法制のほうが望ましいため、かかる一元化の要請から、自治体の個人情報保護法制は大きな試練を迎えることになる。ここには、デジタル社会への対応という視点が重要となろう。

第3節　個人情報保護の「過剰反応」

　個人情報保護法の全面施行（2005年4月）当初から、いわゆる「過剰反応」が問題となった。すなわち、個人情報の取扱いに敏感になりすぎて、個人情報への「過剰反応」という現象が発生した[15]。最も有名な事例は、法施行の25日後に起こったJR福知山線の脱線事故で、家族からの安否確認に回答するかどうかで医療現場に混乱が生じた。要するに、個人情報保護の「過剰反応」とは、個情法が施行されて以降、例えば、町内自治会、学校あるいは同窓会等で名簿が作成できなくなったとか、親族が急病で運ばれた病院において個人情報保護を理由に部屋を教えてもらえず、面会をすることができなかった、さらには企業・公務員等の不祥事について、個人情報の保護を理由に公表されなかった、といった現象が実際に生じ、個人情報保護法の本来の趣旨とは異なった形で、法の定め以上に個人情報の提供が控えられた結果生じたものと理解される[16]。

　国民生活審議会「個人情報保護に関する取りまとめ（意見）」（2007年6月29日）は、過剰反応問題を各箇所で繰り返し言及し、とりわけ名簿作成の問題として、災害時要援護者リストの作成、民生委員・児童委員の活動のための対象者名簿、自治会名簿、学校の緊急連絡網等をとりあげている。ただ、公立学校における緊急連絡網以外は、基本的には民間部門の問題であって、自治体に直接関係するものではない。しかし、地域での福祉や防災活動に際して関係機関・関係者間で情報共有が進まない、民生委員が活動を円滑に行えないなど実際の行政活動に影響するものがあった。また、公務員の不祥事について個人情報の保護を理由に情報を公表しないケースや、東日本大震災をはじめとする災害時に、一部の市町村が消防や警察への個人情報の提供を拒むといった、地方自治体における過剰反応もみられた。

　過剰反応が起こる背景としては、以下のことが考えられる[17]。第1に、個人情報保護法の規定の誤解である。すなわち、法規定上は情報共有・提供できるにもかかわらず、できないものと誤解し、個人情報を共有・提供しないといったケースである。第2に、個人情報の開示がそもそも本人に意思に委ねられ

ている事項である。例えば、住民が自治会名簿について、名簿流出への懸念や自治会の活動と距離を置きたいこと等を理由に、個人情報保護法を名目に拒絶する場合が考えられる。第3に、行政機関等によるもの。これは、個人情報の保護を理由として、行政機関側が本来提供すべき個人情報を提供しない、といったケースである。

情報法研究の第一人者である藤原靜雄教授は、この現象を、①濫用、②誤解、③解釈運用上の問題等、④日本的制度定着過程に係る問題に分類し（①から④が重複する場合もある）、過剰反応の中身を明確にして考える必要があるとしている[18]。つまり、①は公務員の情報隠しで、そもそも個人情報保護の問題ではないし、②は、公務員の経歴、懲戒処分の公開等、情報公開の問題としてかねてから議論あるものを個人情報保護の法問題としても議論することになる、③は、同意や第三者提供の問題などで、解釈の周知、徹底等、十分な広報活動をすべきものである。なお、④は、わが国の社会文化的な問題としての側面からの分析を要するものである。

したがって、各自治体では、過剰反応を防ぎ、適切な解釈運用を促すため、事業者や市民向けに、個人情報保護法・条例に関して、公式ホームページやパンフレット等を通して、わかりやすく解説・説明するものが実際に多く見られる。また、法令・条例の適切な解釈運用力を高めようと、職員向けの個人情報保護研修を実施する自治体も多いと思われる。

第4節　個人情報保護に関する自治体政策法務

政策法務とは、地方自治の本旨の実現のために、住民の福祉増進の観点から必要と考えられる政策を、憲法をはじめとする関係法体系のもとで、いかに適法・合理的に制度化・条例化するか、適法・効果的に運用するかに関する思考と実践をいう[19]。政策法務は、(a)立法（立法法務）、(b)法執行（解釈運用法務）、(c)争訟・評価（争訟評価法務）のプロセスに分けられるが、ここでは、個人情報保護に係る自治体政策法務のうち、立法及び解釈運用法務に関する取組みをいくつか述べる。

1．指定管理者の個人情報保護

　地方自治体が自ら行っていた公の施設の管理を指定管理者に委任する場合、個人情報保護条例に基づき課せられる個人情報保護の水準が低下するおそれがあった。「保護3法＋条例」の枠組みのもとでは、指定管理者（民間事業者）には個情法が適用され（さらに2015年法改正以前は、小規模事業者には個情法が適用されなかった）、公的業務にもかかわらず、実施機関と同等の特別の義務が課せられないことから、個人情報保護の抜け道となることが懸念された。これに対して、各自治体の条例では、指定管理者を条例の適用対象である「実施機関」に加えて規定したり（旧藤沢市条例4条3号[20]、旧尼崎市条例2条1号）、対象文書である「公文書」に、「当該指定管理者が保有するもの」を加えたり（旧草加市条例2条8号イ）するなど[21]、かかる問題に対処するための様々な立法上の工夫がみられた[22]。

2．代理請求

　多くの個人情報保護条例では、未成年者または成年被後見人の法定代理人は、本人に代わり開示請求できるとしていた（行個法でも同様）。他方、代理人へのなりすましのような制度の悪用を防止し、個人情報の保護を徹底しようという趣旨から、任意代理（委任による代理）を認めていなかった[23]。しかし、高齢化社会を迎え、この制度にも不都合が生じてきた。例えば成年で認知症となり意思能力を喪失しているが、成年後見制度を利用していない場合、この本人の家族等や世話をしている者が、本人の利益のために本人の個人情報を見ようとしても、開示請求をすることはできない。1つの対応としては、開示請求への対応という形をとらず情報提供により対応することが可能だが、本人の同意なしに個人情報を第三者へ提供することを許容する個人情報保護条例上の例外規定に該当する必要がある。

　そこで、条例により、本人と特別の関係があると認められる者に本人に代わって開示請求しうることを認める規定を設け（旧岡山市条例11条2項など）、あるいは本人に代わって開示請求をすることのできる者の範囲を拡大するもの（旧吹田市条例14条2項、旧大分市条例13条2項[24]など）もあった[25]。これら

は、実際の課題に対して立法的に対応して解決を図る自治体の創意工夫の一例である。なお、2021年改正個情法では、本人または法定代理人だけでなく任意代理人も、開示請求を行うことを認めている（76条）。

3．死者に関する情報の開示請求

上記2と同様、遺族が故人に関する個人情報を見せるように求める場合もある。死者に関する情報であっても、それが同時に生存する個人の情報とも言える場合は、当該生存者は本人の個人情報として開示請求できる。ただ、いかなる場合に、死者に関する情報が生存する個人に関する情報とも言えるかの判断は必ずしも容易ではない。そこで立法論としては、実施機関と開示請求者側双方の便宜のため、死者の情報を開示請求し得る者を類型的に定める方策も考えられる[26]。実際、条例の中にはそのような規定を置くものもみられた（旧秋田市条例13条1項、旧仙台市条例15条1項、旧吹田市条例14条3項など）。

4．災害時における個人情報の提供

東日本大震災直後の安否確認等において、各自治体が個人情報保護条例を駆使して、本人の同意なくして個人情報の目的外利用や第三者提供をした事例も報告されている[27]。また、例えば相馬市においては、市内の障害者福祉団体等からの障害者手帳情報の開示要望に対し、個人情報保護条例の第三者提供の例外規定「人の生命、身体又は財産を保護するため、緊急かつやむを得ないと認められるとき」という場合に当たると解釈して、本人の同意なく名簿情報を提供し、岩手県でも、同様の例外規定に基づき、障がい保健福祉課が保有する身体障害者手帳情報の中から、視覚障害者の個人情報を支援団体に提供した[28]。なお、平時から信頼関係を構築していた団体への提供であったことも、大きな要因となった。これらは、条例を適切に解釈かつ適法・効果的に運用して、被災者ほか地域住民の権利保護を実現した執行法務の好例で、自治体の個人情報保護に関する創意工夫が窺える。

このように、各自治体では、個人情報保護の分野でも、実際に存在する問題に対して先駆的な取組みをすることにより、自治体発で法の発展を促してきた。

そのため、個人情報保護法制の一元化のデメリットとして、かかる自治体の時代を先取りする先導性を阻害してしまうことが懸念される[(29)]。

第5節　デジタル社会への対応

　コロナ禍は、日本のデジタル化の遅れを顕在化させたと言われる。新型コロナの流行以前からも、特に行政のデジタル化の遅れが指摘されていたが、行政のみならず、仕事、生活、教育、医療などさまざまな方面で課題が浮き彫りとなった。例えば、新型コロナ対策の一環として配布された布製マスク（いわゆるアベノマスク）や10万円の特別定額給付金の際は、遅滞に対する批判が多くなされた。行政や医療では、オンライン手続の不具合、国や地方とのシステムの連携ができていない、陽性者の人数をFAXで報告しなければならないなどが起こり、教育現場では、オンライン教育に必要な基盤やノウハウの不足が課題となった。働き方に関しても、押印手続や進まないペーパーレス化がテレワークの阻害要因として顕著化した。日本のデジタル化の遅れの問題そのものはさておき、ここでは、デジタル化（デジタル社会）への対応について、個人情報保護法制の観点から述べる。ただ、論ずべき事項が多岐にわたることから、①パーソナルデータを含むデータ利活用促進のために設けられた制度（匿名加工情報制度など）、②AIやデジタル技術の急速な発展と実装に伴う問題の1つであるプロファイリング、の2点に絞って述べる。

　匿名加工情報とは、特定の個人を識別できないように個人情報を加工し、かつ復元できないようにしたものをいう（個情法2条6号）。匿名加工情報制度は、ビッグデータの利活用のため、2015年法改正により導入されたものである。すなわち、個人識別性を失わせ匿名化することで、非個人情報となるので、データの自由な利活用・流通の促進を目的に、民間部門を対象として導入された。これに伴い、2016年に公的部門にも「非識別加工情報」制度が導入された。これは、個人情報の束から個人が識別できる情報を抜き取って復元できないようにした上で、その行政機関非識別加工情報を事業者等に提供するもので、例えば公共交通機関の運行情報や公共施設の空き情報などの提供が想定された[(30)]。

しかし、地方自治体において、非識別加工情報の仕組みを導入しているのは、都道府県2団体及び市区町村5団体のみで[31]、あまり活用が進んでいなかった。

データ利活用のための仕組みでありながら、なぜだろうか。民間部門でも匿名加工情報の利用は限定的で、あまり進んでいない。その理由として、①識別行為が禁止されているため、提供先で紐づけることができず、用途が限定される、②どこまで加工すればよいか高度な判断が必要であるため、時間・費用の面でのコストが生じる、③①②の結果、本人の同意を得てオリジナルデータのまま提供する方が、提供元・提供先ともにメリットがある、④提供先での情報利用が統計情報レベルで足りる場合がある。そして自治体の場合には、加工の程度が民間部門に比べて高くならざるをえず、民間需要に合うデータを提供できるかが問題となる。すなわち、個別にどこまで加工すればよいかは、情報の対象となる人口の規模や情報の性質、公開情報としてどのようなものがあるかなどに基づく、高度な判断が必要となるが、自治体では、対象となる住民数が限定され特定の個人を識別できるリスクが高いため、加工の程度を高くして、データの内容を抽象化せざるを得ないという特有の問題がある[32]。

2020年個情法改正では、「仮名加工情報」制度が新設された。匿名加工情報制度は加工基準の複雑性等からあまり普及しなかったことから、より簡便で明確な加工基準に従い仮名加工することによって、それが単体で漏えいした場合に本人が受ける権利利益の侵害リスクを相当程度低下させる一方、義務の適用緩和によって自由な内部分析（AIの機械学習など）に限って認めることによりイノベーションを促進するため、である[33]。仮名加工情報とは、一定の措置を講じて個人情報を加工し、他の情報と照合しない限り特定の個人を識別できないようにした個人情報をいう（個情法2条5項柱書）。匿名加工情報は個人情報に該当しないが、仮名加工情報は照合可能な点において個人情報に該当し、原則として第三者提供ができない。

2021年個情法改正で個人情報の定義が統一されたことにより、行政機関（公的部門）でも匿名加工情報制度が適用される。匿名加工情報は公的部門においても非個人情報であるとの前提で、その個人情報への復元（識別行為）が禁止される（121条1項及び123条2項）とともに、その取得や利用については民間

部門と同様に自由に行い得る。また、公的部門で作成した匿名加工情報の外部提供については、公共財産の公平かつ適正な提供を担保するという趣旨から、引続き原則として提案公募手続に拠る（109条２項）。しかし、匿名加工情報の提供制度の運用実績は乏しく、同制度に関する十分な知見を持った人材がいないことから、各自治体において適切な運用ができるかについては懸念が残る。そこで、匿名加工情報の提供制度については地方自治体にも基本的に妥当するものとしつつ、当分の間、都道府県及び政令指定都市について適用することとし、小規模市町村など他の自治体等は任意で提案募集を実施することができるとされた（改正個情法附則７条）。全国統一的な改正法のもとで、匿名加工情報や仮名加工情報の利用は進むだろうか。

　プロファイリングとは、一般に、個人データとアルゴリズムを用いて、特定個人の趣味嗜好、能力、信用力、知性、振舞い等を分析または予測することをいう。AIは、過去の膨大なデータ（ビッグデータ）から、人間には想像できなかったような事物と事物との相関関係やパターンを発見・認識し、いわゆるターゲティング広告のように、個別化（personalized）された情報を配信することができる。今日の私たちの生活は、物理的に存在する自己ではなく、プロファイリングによって構成されるデータ的な「自己」によって評価され、何らかの決定がなされる機会が増えているといえる。したがって、個人情報保護制度は、私たちの社会生活に不可欠なものとなったプロファイリングが、公正かつ適切に行われることを担保するために、よりその重要性を増している[34]。このような国際的な共通課題に対して、例えばEUのGDPRでは、プロファイリングを通じた非対面的な間接評価が一般化されつつある事態を正面から見据え、その実施について高度の透明性ないしアカウンタビリティを求めるとともに、不公正ないし不正確なプロファイリングを矯正する手続を整備している[35]。これに対し、わが国では、AI/プロファイリング規制の法的仕組みはまだ整備・規定されていないが、自治体の個人情報保護法制でも同様である。

第7節　むすびにかえて

　本稿では、自治体の個人情報保護法制の歴史から抽出される3つの視点—地方分権の推進、自治体法務、デジタル社会への対応—から、過剰反応、先進的な取組み、デジタル社会への対応といった問題を考察したが、結語として、以下の2点を指摘しておきたい。1つは、個人情報保護法制の「統一化」「一元化」志向は、情報（データ）の自由な流通という観点から要請されることは理解できるが、地方分権の流れに逆行し、住民の個人情報保護を後退させることも懸念される[36]。ひいては、データの利活用やサービス向上という名の下に、個人情報を国が集権的に管理、統制することを通して、新たな中央集権化を志向する便利な統治手法として、地方自治の保障ないし地方分権と緊張関係に立つことにも警戒する必要もある。実際、個人情報保護法制を一元的に所管する国の個人情報保護委員会の姿勢からは、地方自治体の独自の個人情報保護施策を極めて強く抑制している状況が窺われるという[37]。

　もう1つは、人工知能（AI）やデジタル先端科学技術の発展に対応した、権利基底の個人情報保護法制のあり方である。日本の個人情報保護法制は、「過剰反応」にみられるような個人情報の「過剰保護」が実際上存在するが、他方で、EUのGDPRなど先進諸国の法制と比べて、本人の関与や漏えい等に対する救済などの点で制度的脆弱さ、つまり「過少保護」が指摘されている[38]。つまり、デジタル化への対応の遅れは、住民のプライバシー権、人格権、個人の尊厳などを守るための個人情報保護法制の面でも現れていると言えよう。では、自治体の「先駆性」「先導性」といった観点から、例えばEUのGDPRの「忘れられる権利」や「プロファイリングを含む処理に対する異議申立権」などの趣旨を採り入れた先進的な規定を、条例で設けることは可能だろうか。これを積極的に解する見解もある[39]。個人情報保護の国際的調和の観点からは、今後も個人情報保護法の改正も予測されるが[40]、これまで先導的な役割を果たしてきた自治体の取組みを決して軽視してはならないだろう。いずれにせよ、これらは、アフターコロナの自治体の個人情報保護法制において、住民の権利利益を保障しながら行政のデジタル化を推進する上で、議論すべき重要な課題

となろう。

（注１） 紙幅の関係上、例えば「感染症の予防及び感染症の患者に対する医療に関する法律」を感染症予防法、「個人情報の保護に関する法律」を個人情報保護法といった具合に、通称に略して表記する。
（注２） 宇賀克也（2019）14頁以下、22頁以下
（注３） 板橋勝彦（2021）53-54頁、人見剛（2022）４-５頁
（注４） 宇賀克也（2019）24頁
（注５） 湯淺墾道（2019）55頁、鈴木正朝（2016）51頁
（注６） 個人情報保護制度の見直しに関するタスクフォース「個人情報保護制度の見直しに関する最終報告（概要）」（2020年12月）、個人情報保護委員会「個人情報保護法 令和２年改正及び令和３年改正案について」（令和３年５月７日）など、参照
（注７） 例えば、2007年改正前の住民基本台帳法や戸籍法において、住民票や戸籍抄本の交付請求が不当な目的でなければ何人にも認められていた。しかし、第三者からのこれらの交付請求が「不当」かどうかを実際に判断するのは困難であるのを、いち早く「認知」したのは自治体であり、それを踏まえ、自治体は「本人通知制度」を創設した（宇賀克也（2021b）８頁）。
（注８） 人見剛（2022）12-13頁、日本弁護士連合会「地方自治と個人情報保護の観点から個人情報保護条例の画一化に反対する意見書」（2021年11月16日）も、強い反対の意見を表明している。
（注９） 総務省報道資料「個人情報の保護に関する条例の制定状況（平成20年４月１日現在）」（2008年７月15日）
（注10） 藤原靜雄（2019）87頁
（注11） いわゆる個人情報5000件の要件で、例えば自治会・町内会等は実際上5000以上の個人情報を保有することはないので、個人情報保護法の適用対象から除外されていた。
（注12） 例えば、第189回国会衆議院内閣委員会第６号（2015年５月15日）山口俊一国務大臣答弁、参照。
（注13） この点、公的部門と民間部門の「安易な統一を回避した」ことについては、「賢明な選択」と評される（宇賀克也（2021a）37頁）。
（注14） 自治体の個人情報保護条例は、「個人情報を保護する権利保護の側面」と「自治体が独自にその制度を策定して育ててきたという地方自治の側面」がある、と指摘されている（庄村勇人（2022）58頁）。
（注15） 過剰反応の問題は、「論者によって立つ位置によって異なる評価が下されるであろう複数の論点」が含まれ、「すべてを過剰反応という言葉で一括りにすべきでない」と指摘される（藤原靜雄（2008）６頁）。
（注16） 宮下紘（2010）２頁
（注17） 宮下紘（2010）５-６頁
（注18） 藤原靜雄（2007）３-４頁
（注19） 北村喜宜・磯崎初仁・山口道昭（2005）２頁
（注20） 旧藤沢市条例4条3号は、実施機関の定義を、「市長、教育委員会、……議会、処分権

（注21）例えば旧大牟田市条例2条7項は、「指定管理者保有個人情報」を「指定管理者……において……公の施設の管理業務……に従事している者が業務上作成し、又は取得した個人情報であって、当該指定管理者が組織的に利用するものとして、当該指定管理者が保有しているもの」と規定していた。
（注22）宇賀克也（2009）256頁及び258-259頁
（注23）宇賀克也（2018）471頁
（注24）旧大分市条例13条1項は、「未成年者若しくは成年被後見人の法定代理人又は病気その他やむを得ない理由により自ら請求することができない者として市長が定める者の代理人……は、本人に代わって……開示の請求……をすることができる」と規定し、同施行規則5条は、「病気その他やむを得ない理由により自ら請求することができない者」について、(1)疾病、事故による傷病その他の身体的状況により本人が請求することができない者、(2)長期の出張のため本人が請求することができない者などを定めていた。
（注25）宇賀克也（2009）270-271頁
（注26）宇賀克也（2009）275頁
（注27）岡本正（2014）152-155頁
（注28）岡本正・山崎栄一・板倉陽一郎（2013）4-6頁、10-11頁
（注29）岡田博史（2022）29頁
（注30）原田大樹（2017）126頁
（注31）総務省自治行政局地域情報政策「地方自治情報管理概要（令和元年度）」（2020年3月）、46頁
（注32）渡邊涼介（2021）184頁
（注33）岡村久道（2021）213-214頁
（注34）山本龍一（2019）47頁
（注35）山本龍一（2019）49頁
（注36）情報法研究の第一人者である宇賀克也最高裁判事は、「自治体ごとに規律が異なるのは不便という抽象的な論理で個人情報保護条例を廃止することは、地方分権の流れに逆行することになるのみならず、自治体における個人情報保護を後退させ、失うものがあまりにも大きい」としている（宇賀克也（2020）1頁）。また、（一元化されたとしても）「地方公共団体の取組をできるだけ尊重する運用を行うことを期待したい」と指摘する（宇賀克也（2021a）57-58頁）。
（注37）幸田雅治（2003）46頁以下
（注38）宮下紘（2021）96頁、103頁
（注39）人見剛（2022）19頁、岡田博史（2021）30頁
（注40）テーマとなる論点として、①個人情報の範囲の拡大、②個人の権利の強化、③オンラインにおける子どものデータ保護の強化、④AI/プロファイリング規制の導入、⑤課徴金制度の導入、⑥プライバシー・バイ・デザインの強化などが考えられる。小林慎太郎・砂屋小百合・芦田萌子・中居捷俊（2022）27-30頁

【参考文献】

板橋勝彦（2021）「地方公共団体における個人情報保護の仕組みのあり方と国の関係」『ジュリスト』1561号、51-57頁。

犬塚克（2021）「一自治体の現場から見た改正個人情報保護法の課題」『自治実務セミナー』711号、15-21頁。

宇賀克也（2009）『個人情報保護の理論と実務』有斐閣

宇賀克也（2018）『個人情報保護法の逐条解説（第6版）』有斐閣

宇賀克也（2019）『個人情報保護法制』有斐閣

宇賀克也（2020）「分権的個人情報保護法制」『自治実務セミナー』、1頁。

宇賀克也（2021a）「個人情報保護法制の一元化」『行政法研究』39号、3-40頁。

宇賀克也（2021b）『自治体職員のための個人情報保護法解説』有斐閣

宇賀克也（2021c）『新・個人情報保護法の逐条解説』有斐閣

岡田博史（2022）「自治体からみた個人情報保護法の改正について」日本弁護士連合会情報問題対策委員会編『個人情報保護法改正に自治体はどう向かい合うべきか』信山社、21-33頁。

岡村久道（2021）『個人情報保護法の知識（第5版）』日本経済出版社

岡村久道（2023）『法律相談・個人情報保護法』商事法務

岡本正（2014）『災害復興学』慶應義塾大学出版会

岡本正・山崎栄一・板倉陽一郎（2013）『自治体の個人情報保護と共有の実務─地域における災害対策・避難支援』ぎょうせい

北村喜宣・磯崎初仁・山口道昭（2005）『政策法務研修テキスト（第2版）』第一法規

幸田雅治（2023）「地方自治を侵害し個人情報を軽んじる個人情報保護委員会（上）」自治実務セミナー736号、46-52頁。

小林慎太郎・夛屋小百合・芦田萌子・中居捷俊（2022）『プライバシーガバナンスの教科書』中央経済社

佐脇紀代志（2021）「個人情報保護法制「一元化」の意味─「条例から法律へ」を超えて」『自治実務セミナー』711号、8-14頁。

宍戸常寿（2020）「地方行政のデジタル化と個人情報保護」地方自治876号、2-19頁。

庄村勇人（2022）「自治体における行政のデジタル化と個人情報保護」庄村勇人・中村重見『デジタル改革と個人情報保護のゆくえ─「2000個の条例リセット論を問う」』自治体研究社、7-60頁。

鈴木正朝（2016）「番号法制定と個人情報保護法改正: 個人情報保護法体系のゆらぎとその課題」『論究ジュリスト』18号、45-53頁。

富安泰一郎・中田響（2021）『一問一答令和3年改正個人情報保護法』商事法務

原田大樹（2017）『グラフィック行政法入門』新世社

人見剛（2022）「個人情報保護法制の法律による一元化と自治体条例」日本弁護士連合会情報問題対策委員会編『個人情報保護法改正に自治体はどう向かい合うべきか』信山社、3-19頁。

藤原靜雄（2007）「「個人情報保護に関するとりまとめ(意見)」について」『季報情報公開・個人情報保護』26号、2-24頁。

藤原靜雄（2008）「個人情報保護の現在―2008年9月・施行から3年余を経て―」『法律のひろば』61巻9号、4-17頁。
藤原靜雄（2019）「個人情報保護法制の整備―個人情報法制小史」『行政法研究』30号、85-101頁。
藤原靜雄（2021）「個人情報保護法制の一元化―令和3年法改正」『自治実務セミナー』711号、2-7頁。
宮下紘（2010）『個人情報保護の施策』朝陽会
宮下紘（2021）『プライバシーという権利―個人情報はなぜ守られるべきか―』岩波書店
湯淺墾道（2019）「地方公共団体における個人情報保護法制の課題」『都市問題』110巻2号、55-63頁。
山本龍彦（2019）「個人情報保護の今日的重要性」『都市問題』110巻2号、46-54頁。
山本龍彦（2023）『〈超個人主義〉の逆説 – AI社会への憲法的警句』弘文堂
渡邊涼介（2021）『デジタル改革関連法で変わる自治体の個人情報保護対応』ぎょうせい

第5章

ポストコロナ期に問われる地方自治
——公衆衛生からみた国と地方の関係——

橋本　行史
（大阪観光大学観光学部教授）

第1節　はじめに

　世界及び日本におけるほぼ4年間に亘る新型コロナウイルス感染症COVID-19（以下、新型コロナという）の感染拡大が漸く収束の兆しが見えはじめ、人々の行動や意識は、感染拡大が始まる2019年（令和元年）12月以前の状況に戻りつつある。しかしながら、日常生活の常識をひっくり返したとも言える3年間あるいは4年間の体験が与えた影響は大きく、全てが以前の状態に戻ることはありえず、すでに顕在化した変化とともにこれから新たな変化が現れることが予想される。

　法律で制度内容が定められている地方自治も例外ではない。1999年（平成11年）の地方分権一括法の成立によって、機関委任事務が廃止されるとともに、国が地方自治体（以下、地方という）へ指示できるのは法令に根拠がある場合に限られるなど、国と地方の関係は上下・主従から対等・協力の関係に転換したとされる。その一方で、国から地方への権限移譲には見るべきものが少なく、地方分権改革は志半ばで終わったと言われ、国と地方の関係の再構築を求める模索はなお続く。

　新型コロナ以降、地方自治の制度や運用は今後どう変わるのか。変わるものと変わらないもの、変えるべきものと変えてはならぬものがあるはずである。ただ、新型コロナに対する対応を巡って国と地方の間で引き起こされた混乱に対する総括は、ウイルスの性質が変化していること、また、論点が政治・経済・社会などに多様に広がる関係から、今暫くの期間を要するだろう。

　そんな中で既に、2024年（令和6年）6月19日、地方自治法の一部改正が成

立し[1]、これまで感染症法や災害対策基本法などの個別法に規定がある場合に限定されていた国の地方への指示権が、国民の生命等の保護のために特に必要な場合には一般法である地方自治法に基づいて出せるようになった。国の地方への指示権が、法定受託事務だけではなく自治事務にまで及ぶとともに、要件が抽象的で国会の事後承認を不要としている点で問題を残すものとなっている。

このような状況下、本稿は、公衆衛生の面からみた国と地方の関係を中心に於いて、ポストコロナ期の地方自治を展望する。

第2節　視点と論述順序

地方自治の将来を考察するに際して、地方自治制度の根底にある理念を抜きに語ることはできない。

今日、近代地方自治の理念は、研究者だけでなく一般人の常識としても、ジェームズ・ブライスの『英国の地方自治』[2]、アレクシス・ド・トクヴィルの『アメリカの民主政治』[3]を引用して、地方自治と民主主義との結びつきに求めることが定着している。

戦後制定された日本国憲法でも、第8章地方自治の章に設置された全4条の総括規定たる第92条が掲げる「地方自治の本旨」が住民自治と団体自治を規定したものであると解釈され、このうち住民自治が民主主義を直接に表すものとされている[4]。

しかしながら今一度、私たちが当然の前提とする地方自治の基本的枠組みが、明治初期に形成され、今日まで基本的にそのまま引き継がれていることに注目すべきであろう。第二次大戦後もその状況は変化していない。戦後制定された日本国憲法は、地方自治を憲法保障に高めはしたが具体的内容は地方自治法に委ね、知事公選制を採用したほかは、地方自治の基本的な枠組みは戦前からの枠組みをそのまま使用している。

さらに遡れば、明治初期に創られた日本の近代地方自治制度も、欧米の地方自治制度が参照されたとは言うものの、市制町村制等の確立過程などを鑑みれ

ば、維新前の地方統治の仕組みと無関係と言うわけではなく、制度の根底となる考え方に日本古来の歴史や文化との影響があることは否定できない。

　ここから見えることは、普遍的な内容と捉えられる近代地方自治の理念も、地方自治が行われる国の歴史や文化の影響から逃れられないという事実である。本稿では、このような視点から、明治当初の近代地方自治確立期の感染症対策を採り上げ、国と地方が感染症にどのように対応したかを明らかにして、ポストコロナ期の地方自治を展望する。

　多くの制度が未整備であるがゆえに相互依存関係が少ない明治初期の国と地方の対応を検証することは、事象の本質を浮かび上がらせる。なお、1999年（平成11年）の感染症法の施行以後、伝染病に代わって感染症の用語が使われるので、本稿でも、伝染病の名称を冠する法律名称を除いて感染症の用語を使用する[5]。

　論述の順序として、まず、日本の公衆衛生の歴史を組織と感染症対策の両面から分析する。次いで、当時の日本を代表する国際港湾が置かれた神戸市に於いて、不死の病とされたコレラの蔓延に際して採られた公衆衛生行政を検証する[6]。最後に、公衆衛生における国と地方の関係を中心として、ポストコロナ期の地方自治を展望する。

第3節　日本の公衆衛生の歴史

1．明治初期の公衆衛生行政

　明治初期は、地方は公衆衛生の知識が乏しく、検疫所や隔離・治療施設も未整備であった。加えて、維新政府によって中央集権的な地方制度が目指され、国と府県の行政が地方長官である府県知事の下で一体化されていたこともあって、国が地方の公衆衛生を指導し、直接に対策を実施することも多かった。

　日本の公衆衛生の歴史を、組織と感染症対策から見てみよう。公衆衛生を所管する組織は、維新後に国と地方の双方で徐々に整備されていく。

　国では、1872年（明治5年）、文部省に医務課が設置され、1873年（明治6年）、医務局に昇格する。1874年（明治7年）、近代的医事衛生法規たる医制が公布

され、各府県に医務取締が設置される。1875年(明治8年)、文部省から内務省に医務局が移管され、医務局が衛生局と改称する[7]。文部省から内務省への移管には、国家の安寧にも関わる感染症に対する公衆衛生への政府部内の認識の高まりと国から地方に対する指示系統の内務省への一本化と指示の迅速化が背景とされる。

　これらの公衆衛生にかかる組織整備と並行して、感染症対策も進められる。1871年(明治4年)から1874年(明治6年)まで岩倉使節団の一員として欧米を視察し、医学教育・感染症対策を学び、帰国後、文部省医務局長を経て内務省移管後の初代衛生局長を務める長与専斎の下、1877年(明治10年)、虎列刺病豫防法心得(内務省達乙第79号)が発布され、別冊として具体的な内容を規定する虎列刺病豫防法心得と豫防法附録消毒薬及其方法が編成される[8]。

　虎列刺病豫防法心得の全24条の概要を少し詳細に見てみよう。第1条は「外国地方ニ虎列刺病流行シテ内務省ヨリ検疫規則ノ施行ヲ命スルトキハ海港場アル地方長官ハ醫員衛生掛警察吏等ヲ撰定シテソノ委員トナシ外国領事ニ協議シ該規則ヲ遵奉シテ豫防拒絶ノ事ヲ担任セシムヘシ」として、海港場における検疫体制を定め、第2条から第6条において、避難病院の設置、入院、隔離、退院、死亡者の埋葬等について定めている。

　第7条は「地方官ハ管内ニ「亜細亜虎列刺」病者アルコトヲ医師ヨリ届ケ出タルトキハ其病性ノ真偽ト諸症ノ緩劇トヲ詳カニシ若シ真ノ「亜細亜虎列刺」ナルヲ確認スルトキハ委員ヲ命ジ豫防ノ方法ニ着手シ内務省ニ申報シ且ツ管内近隣ノ地方庁ニ報告スヘシ」と定め、地方官による内務省への連絡を義務付ける。

　これに関連して、第8条は医師が区戸長あるいは医務取締役を経て地方庁に届け出ること、第9条は地方庁が毎日の患者数と死亡者数を集計して毎土曜日に内務省に報告すること、第10条は地方長官が毎日流行時の死亡者数を管内に告示すること、第11条は貸家・旅店・停泊船・学塾・製造所等の管理者が24時間以内に委員、区戸長あるいは医務取締に届けること、第12条は軍隊や軍艦の長が24時間以内に地方庁に通知することが定められ、地方庁を経て内務省に至る感染発覚時における情報伝達の方法が細かく規定されている。

第13条から第16条は、感染予防のための行動制限、第17条から第21条、第24条は消毒について定めている。第22条は死体運送等の取り決め、第23条は内国の港湾往来中の船舶に虎列刺病者や死者が出た場合の取り決めを規定している。

　このように虎列刺病豫防法心得は、感染が判明した場合の連絡体制、国への情報一元化、感染者の隔離治療のための避難病院の設置、行動制限、消毒などを規定し、コレラ患者を収容するために各地で設置された避病院設置の根拠規定となるとともに、現代にも続く日本の感染症対策の基本的な骨組みとなっている。

　近代医学知識に乏しかった明治当初に、いち早く欧米の最新医学知識を手に入れた国の公衆衛生行政は専門性の点で地方を圧倒するとともに、維新政府が目指す中央集権体制の確立と感染情報の国への集中と感染症対策の統制は結び付いていた。

　虎列刺病豫防法心得の発布に続き、感染症対策のための組織整備と法整備が進む。1879年（明治12年）、内務省に中央衛生会が設置されるとともに地方に地方衛生会が設置され、府県の警察部に衛生課が設置される。1879年（明治12年）、虎列刺病豫防仮規則（太政官布告第23号）の公布、1880年（明治13年）、傳染病豫防規則（太政官布告第34号）の公布ののち、1897年（明治30年）、傳染病豫防法（明治30年4月1日法律第36号）が感染症対策の一般法として制定される[9]。

　1889年（明治22）年の市制町村制の実施などによって地方制度の整備が進むにつれて、公衆衛生に関する業務は徐々に国から地方へ、府県から市町村へ移されていくが、国の地方の公衆衛生行政に対する統制は続けられる。

　その結果、日本の公衆衛生行政は、感染症の侵入防止、感染者や保菌者、接触者の早期発見、隔離、措置を主とした規制行政が公衆衛生行政の中心に置かれるとともに、地方は国に「報告」してその「指示」を待つという強い中央集権的な仕組みが確立する。

2．保健所への保健衛生行政一本化と厚生省による統轄

　昭和初期に、公衆衛生行政において、組織と政策の両面で大きな変化が起こ

る。1937年（昭和12）年、（旧）保健所法が制定され、地域住民に対する公衆衛生の指導機関として全国一律に保健所が設置される。保健所は、各府県および5大都市を対象に、人口12万～20万人を単位に設置することとされ、1937年（昭和12）度に全国49か所の保健所が整備され、以後5年間で187か所が追加整備される[10]。

公衆衛生の向上には内務省衛生局と府県衛生課による規制行政だけでは不十分で、公衆衛生観念を地域社会に普及する必要性が認識されたことが理由となったが、その背景に、1933年（昭和8年）に起きた満州事変を受けて国民の体力向上が国策とされたことと、疾病の予防として深刻化していた結核対策が急がれたことがある。

1938年（昭和13年）、衛生行政を専門に担当する省庁として、内務省から衛生局が独立し、厚生省が設置される。また1942年（昭和17年）、府県の衛生事務が警察部から内政部へ移管されるとともに、地方長官たる府県知事の権限であった住民の体力向上への指示や療養に関する措置命令等の権限が、保健所法で設置された保健所の長に移される[11]。

その結果、地方における保健衛生にかかる権限が保健所に一本化され、保健所の設置主体である地方（行政）庁である府県と指定都市を間に挟むものの、厚生省が地方の保健所を半ばダイレクトに統轄する仕組みが出来上がる。

3．戦後の二元的管理体制下での公衆衛生行政の拡大

第二次大戦後、GHQ（連合国軍総司令部）によって、戦前戦間期の地方行政が中央集権的で戦争遂行を支援したとして地方自治の民主化が図られ、地方自治が憲法保障に高められるとともに、都道府県知事が官選から公選に改められる。ただ、公衆衛生行政は、厚生省の統轄下での保健所による公衆衛生の推進という形態に変わりなく、知事公選制によって生まれた国と地方（府県・市町村）の二元的な管理体制の下で、戦前の中央集権的な公衆衛生行政の連続性が維持される。

1947年（昭和22年）、（旧）保健所法が改正され、1948（昭和23年）から（新）保健所法が施行され、公衆衛生に関する規制行政を中心とした古い体制から、

保健所業務の強化と多様化が図られる[12]。

　（新）保健所法では、人口10万人に一か所という新しい設置基準が定められ、都道府県と政令市のほか保健所を設置すべき都市として30市が指定される。医師、薬剤師、看護師などのほか、保健婦、食品衛生監視員、環境衛生監視員などの専門職員が加えられ、食品衛生、環境衛生などの業務が、個別の作用法によって機関委任事務として保健所長に委任される。1975年（昭和50年）、特別区の保健所が東京都から移管させる。

4．公衆衛生の相対的な地位低下

　戦後からの結核対策が奏功して1950年（昭和25年）頃から感染者が減少し、衛生環境や栄養事情の改善で乳幼児死亡率も減少する一方、生活習慣病の死者が増加しはじめる。

　その後、職域保険と地域保険の二つの種類が存在する健康保険のうち、地域保険の一つである1938年（昭和13年）施行の国民健康保険法が1958年（昭和33年）に改正され、1961年（昭和36年）から施行される。改正前は、加入が任意で無保険者が存在したが、新制度では市町村による事業実施が義務化され、加入も義務化される。健康保険における医療費の公費負担に並行して、医療費の軽減や低費用医療の実現を目的として、社会福祉的な観点から公営病院の整備が進む。

　国民健康保険法の改正で国民皆保険制度が実現して、公衆衛生に比較して医療の重要性が相対的に高まる。この時期に厚生省の重点施策は、公衆衛生から医療へ、言い換えれば、予防から治療へ移行したと言われる[13]。

5．地域保健法の制定

　1948年（昭和23年）の（新）保健所法の施行によって保健所の業務が公衆衛生以外にも拡大したことで、公衆衛生と一般行政との違いが薄れてくる。こうした中で、1994年（平成6年）、自治省から出された地方行政改革指針の下、（新）保健所法が改正され、地域保健法が誕生し、1997年（平成9年）から全面施行される。

地域保健法は、地域保健対策の推進に関する基本指針、保健所の設置その他、地域保健の推進に関する基本事項を定め、これまで保健所が担当してきた母子保健などの住民に身近なサービスは市町村に移管し、市町村保健センターで、母子保健、老人保健、健康増進、予防接種等の地域住民に密着するサービスを一体的に実施する。保健所は、感染症、食品衛生、難病対策などを含む地域保健の広域的・専門的・技術的拠点として再定義される。

　保健所の設置義務は拡大され、従来から設置義務があった政令指定都市に中核市を加えた「保健所政令市」制度が導入される。他方、都道府県の保健所（631箇所）は、複数の市町村で構成する二次医療圏（342区域）を参考に所管区域を設定することとされ、「保健所政令市」の保健所との均衡が図られる[14]。

　発生時期の不明な感染症に備えて万全の体制を常時整備しておくことは、専門性と財政に制約のある地方自治体には難しく、保健所機能と定員の見直し、地域衛生研究所の縮小が進む。医療面でも、公衆衛生観念の普及、衛生環境の整備、医療技術の発展による感染症の発生件数や重症化の減少傾向を受けて、一般症状を扱う病院組織との統合及び感染症専用病床の減少が進められる。

6．感染症法・特措法と新型コロナ

　1897年（明治30年）制定の傳染病豫防法は、伝染病を法定伝染病、指定伝染病、届出対象疾患に分類し、法定伝染病への感染が判明すると強制的に隔離・入院させられる。傳染病豫防法の制定から100年以上を経過し、感染症の拡大と特質の解明、医療技術の進歩を受けて、1998年（平成10年）、傳染病豫防法は、感染症の予防及び感染症の患者に対する医療に関する法律（平成10年法律第114号。以下「感染症法」という）に名称を改め、1999年（平成11年）から施行される。

　感染症法（結核は除外、結核予防法で対応）は、症状の重さや感染力の強さによって、感染症を、危険性が高い順に1類～5類感染症、新感染症、指定感染症に分類する。分類に応じて実施可能な行政措置が決まる。

　2012年（平成24年）、鳥インフルエンザ等に対処するため、未知の感染症に対する感染拡大の防止と国民の生命・生活・経済への影響を抑える目的で、新

型インフルエンザ等対策特別措置法（平成24年法律第31号。以下「特措法」という）が公布され、2013年（平成25年）から施行される。同法によって、医療関係者への補償制度の創設や知事権限の法的根拠の明確化等がなされる。

その後、2019年（令和元年）12月から、新型コロナの感染拡大がグローバルな規模で発生する[15]。日本では、2020年（令和2年）1月15日に初めて感染確認される。2020年（令和2年）2月1日、政府は、新型コロナを未知の感染症である新感染症ではないとの理由から、政令によって指定感染症（感染症法6条8項）に指定する。

2020年（令和2年）3月13日、新型コロナは無症状の感染者からも感染可能性が指摘され、特措法に基づく緊急事態宣言の発布を視野に入れて、新型コロナを「新型インフルエンザ等感染症（いわゆる2類相当）」と見做す特措法の一部を改正する法律を成立させ、同月14日から施行する。

改正特措法に基づき、2020年（令和2年）4月7日〜同年5月25日、2021年（令和3年）1月8日〜同年3月21日、2021年（令和3年）4月25日〜同年6月20日、2021年（令和3年）7月12日〜同年9月30日（沖縄のみ2021年（令和3年）6月21日〜同年7月11日まで継続）の計4回、緊急事態宣言がだされる。特措法の改正によって新設されたまん延防止等重点措置は、2021年（令和3年）4月5日〜同年9月30日、2022年（令和4年）1月9日〜同年3月2日の計2回実施される。

2023年（令和5年）5月、厚生労働省令第74号（2023年（令和5年）4月28日）により、新型コロナは蔓延のおそれが減少したとして、感染症法上の2類感染症から5類感染症へ引き下げられる。

7．新型コロナが引き起こした混乱

公衆衛生における国と地方の権限と責任は複雑に入り込む。保健所は、公衆衛生観念の指導、PCR検査、医療機関と連絡して隔離・入院等の措置、国への情報伝達を府県経由で行う。緊急事態宣言の発令は国、休業要請は都道府県に権限がある。医療体制の整備は都道府県、保健所の設置運営は、都道府県・特別区・保健所政令市（政令指定都市・中核市・政令で定める市）が行う。

こうした中で、国と地方は新型コロナの感染拡大に遭遇し、2019年（令和元年）12月から、2023年（令和5年）5月に感染症法上の2類から5類へ移されるまで、全国一律の対応を求める国と、個々に状況が異なる現場を持つ地方との間に、PCR検査の目詰まりに象徴される大きな混乱を引き起こした。PCR検査のほかにも、感染予防対策、感染者と濃厚接触者の追跡調査、感染者数集計、入院・療養施設の確保、緊急事態宣言の発令、行動制限の要請・命令などの様々な局面で、国と地方の調整が十分だったとは言い難い状況が続いた[16]。

第4節 神戸市の公衆衛生の歴史

1．明治10年のコレラ流行

地方の側から日本の公衆衛生の歴史を見てみよう。日本において公衆衛生の重要性が認識され、国や地方の施策に取り入れられたのは、1877年（明治10年）のコレラの大流行からだとされている。1868年（慶応3年）の開港後まもない1877年（明治10年）に、神戸で進められた公衆衛生行政は日本の公衆衛生対策の先行事例とされている[17]。

幕末の1858年（安政5年）、幕府は日米修好通商条約を締結し、鎖国政策を転換して、同条約第3条で神奈川、長崎、新潟、兵庫の開港と江戸、大阪の開市を約束させられる。1868年（慶応3年）、横浜の開港から約9年遅れて、市街化が進んだ兵庫港から3.5km東に離れた神戸に港湾施設が整備されて対外的に開港する。開港に合わせて外国人居留地の建設が始まり、神戸は寒村から以後急激に発展していく。

都市の発展に伴って医療機関も徐々に整備される。1868年（慶応3年）、維新政府が旧幕府直轄地の統治機関として置く兵庫鎮台が兵庫裁判所に名称を変え、病院掛が設置される。1869年（明治2年）、神戸病院（県立、後の神戸大学医学部の前身）が開院する。1871年（明治4年）、万国病院（設立者はドイツ人、後の神戸海星病院）が、居留地の中に在留外国人のために設立される。1874年（明治7年）、英国公使の勧告によって神戸福原に梅毒病院が設置される。

1971年（明治4年）、維新政府によって戸籍法が制定される。戸籍法に基づ

いて戸籍の編製単位として置かれた（戸籍）区を元にして、1872年（明治５年）、大区小区制が実施される。大区に区長、副区長をおいて中央の役人を任命、小区に戸長、副戸長をおいて従前の村役人などが任命された。

　そうした中で、1877年（明治10年）７月４日付けで、清国厦門（アモイ）にコレラが流行しているとの報告が外務省に入り、外務省からその旨を知った内務省は、神奈川、兵庫、長崎の３県に命令して避病院を設置させ、医員を派遣して入港船舶の検疫、避病院への送致に当たらせるとともに、同年８月27日、虎列刺病豫防法心得（内務省乙達第79号）を発布、乙第79号別冊として虎列刺病豫防法心得及び豫防法附録消毒薬及其方法が編成される。

　同年９月、先に同年５月に長崎に入港したアメリカの軍艦から横浜でコレラ患者が発生する。さらに、西南戦争からの帰還兵にコレラ患者が含まれており、同年９月22日、帰還兵が兵庫港に上陸したことによって、コレラが神戸に伝播する。

　当時の府県知事は国の地方長官を兼ねており、国と府県は一体となって、検疫・隔離政策を実施する。しかしながら、ロベルト・コッホによってコレラ菌が発見される1883年（明治16年）まで、コレラの発生原因が分からなかったため、予防対策は手探りで行われる。兵庫県は、国の虎列刺病豫防法心得の発布を受けて、虎列刺病豫防法心得を布達して、鰹、蟹、果実、その他不消化物の売買を禁止する。また、兵庫県検疫委員派出所を海岸通３丁目に設けて検疫を実施するほか、臨時検疫消毒所を和田岬に設けて入港船舶の検疫を行わせる。

　コレラ患者が道路に行き倒れて死亡する状況が生まれ、全国に蔓延する恐れがあったため、内務省は事態を放置できず、感染者を隔離治療する施設として全国の主要地に避病院を設置する。神戸では、国費を支出して夢野村字東山に避病院を設置する。避病院は敷地2,358坪、建物面積は延べ488.5坪、病室その他19棟、収容人員300人とされ、仮設病舎としては全国屈指の規模である。吉田新田と和田岬にも設置された避病院は、コレラの流行が終わると閉鎖される[18]。

2．市制実施

1878年（明治11年）、郡区町村編制法が制定され、地域に定着しなかった大区小区制を廃止して自然村由来の従前の町村制度に戻すとともに、都市部には町村に代えて「区」が置かれる。郡長・区長は官選とし、町村に置かれる戸長は民選とされる。

1879年（明治12年）6月、郡区町村編制法の施行にともなって、神戸と兵庫は合体して神戸区となり、区役所が置かれる。神戸、兵庫には戸長役場が設けられ、衛生委員が置かれる。1880年（明治13年）、区役所に衛生係が設置される。

1882年（明治15年）10月以降、区長の村野山人は、住民への公衆衛生観念の普及や教育指導が感染症予防に必要不可欠であるにも関わらず住民の衛生思想が未発達であるとして、衛生委員会に働きかけて、町ごとに月2回の演説会を開かせる。

1887年（明治20年）、戸長役場が廃止され、区長が区内の衛生事務を所管する。1888年（明治21年）4月、市制町村制が公布、翌年4月から順次施行される。1889年（明治22年）4月、神戸市が誕生する[19]。

3．避病院を常設化して東山病院へ改称

市制実施にともなって、庶務課に衛生係が置かれ、避病院は兵庫県から神戸市に移管される。1900年（明治33年）1月、これまで仮設であった避病院を常設病院とし、所在地の名前をとって東山病院へ改称される。同年4月、県の庶務課から衛生課が独立し、市の衛生係が衛生課に昇格する。1901年（明治34年）6月、市条例で、衛生常任委員及び衛生組合が設置され、第二次大戦後の衛生組合解散まで防疫業務にあたる。

度重なる感染症の流行で手狭になった東山病院の移転計画は、候補地住民の反対で進まなかったが、東北の隣接地（旧夢野村字下司女）を購入して移転することとなる。しかしその過程で1905年（明治38年）3月、移転用地購入を巡って議会が紛糾し、坪野平太郎市長が辞任し、水上浩躬市長が就任する。1908年（明治41年）、病院整備費7万円を市会が可決し、約900坪の用地を購入し、1910年（明治43年）5月、総面積約1,083坪の避病院が完成する。

1912年（明治45年）5月、東山病院構内に神戸市立衛生検査所が設置される。1916年（大正5年）7月、東山病院葺合分院が廃止される[20]。

4．神戸診療所・神戸市民病院の誕生、保健所の設置

　大正時代の神戸市は財政支出に見合う税収が乏しく、市単独で諸事業の資金を調達できず、事業財源を起債と国庫補助金の二つに依存する。市の主要事業である築港・水道・電気事業はもちろん、病院の整備事業も同様であった。

　こうした中で、1923年（大正12年）7月13日付けで、神戸市から内務省及び大蔵省の両省に市立病院の設置認可申請が提出される。次いで同年7月29日付けで、起債（通信省資金の借り入れ）認可の促進を求める陳情書が提出される。これらの動きを経て、1925年（大正14年）、伝染病以外の一般症状に対応する市立神戸診療所が開設（長田区三番町1丁目、病床数25床）される。1928年（昭和3年）4月、神戸診療所は神戸市民病院と改称される。

　感染症の感染者の隔離・治療を行う東山病院は、腸チフス、赤痢などの多発によって重要性は減少せず、業務は繁忙を続ける[21]。

　そうした中で、1937年（昭和12年）4月、（旧）保健所法が公布され、保健所が公衆衛生に関わる住民への指導機関として設置される。

5．第二次大戦後の神戸市の公衆衛生行政

　1947年（昭和22年）、東山病院内に神戸市衛生局が設置される。1948年（昭和23年）、（旧）保健所法が改正されて（新）保健所法となり、保健所の業務範囲が拡大する。

　1950年（昭和25年）、神戸市民病院は神戸市立中央市民病院と改称される。1953年（昭和28年）、中央市民病院は長田区から生田区（現中央区）に移転する（加納町1丁目5番地、病床数50床）。1957年（昭和32年）、中央市民病院横に伝染病院、衛生研究所が建設され、1958年（昭和33年）、東山病院が移転して神戸市立伝染病院と改称し、衛生研究所も同所に移転する。

　同年12月、全面改正された国民健康保険法が公布され、施行される1961年（昭和36年）から、すべての国民が公的医療保険に加入する国民皆保険制度がスタ

ートする。同年5月、医療センター制度が導入されて、伝染病院が廃止され、中央市民病院併設隔離病舎に統合される（一般病床475床、伝染病床166床）。1981年（昭和56年）、中央市民病院は沖合の埋立地ポートアイランドに移転する（中央区港島中町、一般病床962床、伝染病床38床）。

　1999年（平成11年）、感染症法の施行に合わせて中央市民病院の病床数が縮小される（一般病床962床、伝染病床10床）。2003年（平成15年）4月、続けて病床数が変更される（一般病床902床、感染症病床10床）。2007年（平成19年）、医療センター中央市民病院に改称される。2009年（平成21年）、医療センターが独立法人化され、地方独立行政法人神戸市民病院機構と名称変更する。2011年（平成23年）、中央市民病院はポートアイライドを沖出ししたポートアイランド第2期へ移転する（一般病床750床、精神病床8床、感染症病床10床）。2019年（令和元年）12月から、市内の医療機関として新型コロナに対応する[22]。

第5節　おわりに

　新型コロナの感染拡大とそれが引き起こした混乱は、改めて地方自治の本質を問うものとなっている。新型コロナに焦点を当てつつ、日本の公衆衛生の歴史を国と地方から検証した本稿は、コロナ後の地方自治の展望に関して二つの事実を明らかにしている。

　一つは、新型コロナが引き起こした国と地方の間で生じた混乱から、感染症の広域性・専門性・費用負担、必要な強制力という特性を認める以上、権限と財源に制約がある地方に感染症対策の全てを委ねることが困難であるとともに、個々に状況が異なる現場対応が求められる感染症対策の全てを国に委ねることもできないという事実である。

　国と地方のそれぞれの能力とその限界への認識は、近い将来、高い確率で発生すると予想される巨大自然災害などへのリスク対応が国と地方の緊急の政策課題となる中で、地方分権改革で前提とされていた中央集権か地方分権かで論ずる一律的な二項対立を超えた思考と対策が求められている。

　もう一つは、ジェームズ・ブライスのいう「民主主義の学校」としての地方

自治の普遍的な理念、そして日本国憲法第92条に同趣旨を定めた地方自治の本旨の下で生まれた新型コロナへの対応を巡る国と地方の混乱の要因に、地方自治の理念に潜む国の権威主義と温情主義、そして、それらと表裏一体となった地方の同調主義と依存体質という日本特有のバイアスがあるという事実である。

　日本の地方統治の歴史を振り返れば、地方統治システムの上部構造は天皇、公家、寺社、幕府、領主、近代の中央政府など様々に変化するが、下部構造は、農耕を中心として成立した自然村由来の村組織が一貫として続く。その間に、中央と地方の関係は、地方から中央権力に挑んだごく限られた期間を除くと、支配と被支配、安堵と服従からなる「お上と下々」の関係が維持される。明治維新後の近代地方自治体制への移行、第二次大戦後の戦後の民主改革の一環としての地方自治制度改革に於いても、自然村由来の市町村は残り、市町村を基礎にして地方自治制度が形成され、その上に国が君臨して統制するという構造自体は変わらない。近代化・工業化・都市化によって人口の流動化が進み、地域社会の構成員も変化するが、構成員は変わっても、国と地方の関係にある「お上と下々」という構造の変革は起こってない。

　「お上と下々」という固定した関係が長く続くと、上位の立場にある立つ国の側に権威主義と温情主義が養われ、下位の立場に立つ地方の側に中央権力への同調主義と依存体質が形成されることは自然な帰結である。新型コロナの感染拡大への対応のように国と地方のどちらにとっても対応が難しいような事態に遭遇したとき、平時は制度の中に埋もれて見えないコアな特質が表面化したと言えよう。

　「ポストコロナ期に問われる地方自治――公衆衛生からみた国と地方の関係――」として、将来の地方自治を展望するに際して明らかにされた二つの事実のうち、最初の事実は今後の地方自治の変革の方向性を示し、後の事実は変化しない内容は何かを語るものとなっている。

（注１）「国民の安全に重大な影響を及ぼす事態の規模、態様等を勘案して国民の生命等の保護の措置を的確かつ迅速に実施するため特に必要があるときは、国は、閣議の決定を経て、地方公共団体に対し、当該措置を的確かつ迅速に実施するため講ずべき措置に関し、必要な指示をすることができることとする。」（地方自治法の一部を改正する法律案要旨

抜粋、第213回国会議案情報）
（https://www.sangiin.go.jp/japanese/joho1/kousei/gian/213/meisai/m213080213031.htm）
（注２）ジェームズ・ブライス著、松山武訳『近代民主政治』第１巻、160頁にある「地方自治は民主主義の最良の学校であり、その成功の最良の保証人である」の一文は地方自治の理念を表すものとして非常に有名である。著書『近代民主政治』は大作であり、この一文は全体の著述のなかのごく一部に過ぎない。その表現はやや抽象的であり、文意は他の著述部分を含めて解釈される。1888年には、『アメリカ共和国』（The American Commonwealth）を出版しており、1921年に出版された『近代民主主義』（Modern Democracies）は晩年の書となる。
（注３）アレクシス・ド・トクヴィル 著、井伊玄太郎訳（1987）『アメリカの民主政治』（上・中・下）講談社学術文庫を参照。
（注４）芦部信喜（2011）『憲法 第五版』岩波書店を参照。
（注５）古い文献・法令では、感染症ではなく伝染病の用語が使用されているので、用語の整理をしておく。細菌・ウイルス・寄生虫などの病原体が生物の体内に侵入・増殖して何らかの影響を及ぼすことが感染とされ、感染によって引き起こされる疾病が感染症とされる。病原体が生物の体内に侵入・増殖したあとに他の生物の体内に侵入・増殖することが伝染病と呼ばれるため、伝染病は感染症の中に含まれる。北海道立衛生研究所Website「健康情報」参照。（https://www.iph.pref.hokkaido.jp/topics/topics.html）
（注６）図書館で佐藤静馬編（1956）『神戸市立東山病院史』を手にしたことが、本稿を着想するそもそものきっかけとなった。
（注７）『平成26年版厚生労働白書』第１章、4頁。
（注８）長尾精弼編（1877）『虎列剌病豫防法心得』（国立国会図書館デジタルコレクション、https://dl.ndl.go.jp/pid/904511）
（注９）『平成26年版厚生労働白書』第１章、4頁。
（注10）『平成26年版厚生労働白書』第１章、5-6頁。
（注11）『平成26年版厚生労働白書』第１章、6頁。
（注12）『平成26年版厚生労働白書』第１章、9-10頁。『厚生省五十年史（記述編）』588-599頁
（注13）『平成26年版厚生労働白書』第１章、19頁。
（注14）『平成26年版厚生労働白書』第１章、25-26頁。
（注15）新型コロナの2019年12月から2021年３月までの経緯は、厚生労働省「図表8-3-1 新型コロナウイルス感染症を巡るこれまでの経緯（2021年３月末時点）」『令和３年版厚生労働白書　新型コロナウイルス感染症と社会保障』（mhlw.go.jp）参照。
（注16）本研究は、コロナ後の地方自治を国と地方の関係から考察するもので、新型コロナによって引き起こされた混乱の発生を指摘するに止め、詳細な内容には触れていない。
（注17）開港当初の神戸の状況は、村田誠治編（1898）『神戸開港三十年史・坤』を参照。
（注18）神戸に設置された避病院の歴史については、佐藤静馬編（1956）『神戸市立東山病院史』を参照。
（注19）村田誠治編（1898）『神戸開港三十年史・坤』参照。
（注20）佐藤静馬編（1956）『神戸市立東山病院史』参照。

(注21) 神戸市衛生局の歴史については、神戸市衛生局保健課（1969）『衛生局の歩み』、2-5頁・302頁・303-307頁ほかを参照。
(注22) 中央市民病院の歴史については、神戸市保健福祉局（2004）『新中央市民病院基本構想』、神戸市立中央市民病院（1963）『神戸市立中央市民病院40年史』、神戸市立中央市民病院（1978）『神戸市立中央病院50年史』を参照。

【参考文献】

逢見憲一（2018）「保健所法から地域保健法へ――戦前・戦中・戦後のわが国の公衆衛生の発展」『公衆衛生』82巻3号、188-194頁。

アレクシス・ド・トクヴィル 著、井伊玄太郎訳（1987）『アメリカの民主政治』（上・中・下）講談社学術文庫。（Alexis de Tocqueville, 1835・1840, *De la démocratie en Amérique.*）

厚生省五十年史編集委員会編（1988）『厚生省五十年史』中央法規出版。

厚生労働省（2014）『平成26年版厚生労働白書　健康長寿社会実現に向けて～健康・予防元年～』（https://www.mhlw.go.jp/wp/hakusyo/kousei/14/）

厚生労働省（2021）『令和3年版厚生労働白書　新型コロナウイルス感染症と社会保障』https://www.mhlw.go.jp/stf/wp/hakusyo/kousei/20/

神戸市衛生局保健課（1969）『衛生局の歩み』。

神戸市保健福祉局（2004）『新中央市民病院基本構想』。

神戸市立中央市民病院（1963）『神戸市立中央市民病院40年史』。

神戸市立中央市民病院（1978）『神戸市立中央病院50年史』。

小島和貴（2015）「衛生官僚たちの内務省衛生行政構想と伝染病予防法の制定」『日本法政学会』51巻、271-300頁。

小島和貴（2009）「コレラ予防の「心得書」と長与専斎」『法学研究』82巻2号。

佐伯啓思（2023）「「誇れる日本とは」司馬遼太郎が残した問い」神戸新聞2023年10月26日。

佐藤静馬編（1956）『神戸市立東山病院史』。

斎藤誠（2018）「公衆衛生における地方自治・分権の軌跡と展望」『公衆衛生』82巻4号、266-273頁。

しんぶん赤旗（2003）「保健所が減らされているのはなぜ？」2003年5月10日。

ジェームズ・ブライス著、松山武訳（1929）『近代民主政治』（第1巻～第4巻）岩波書店。（Bryce, James (1921), *Modern democracies.*）

長尾景弼編（1877）『虎列刺予防心得』。

新川達郎（2021）「感染症対策の歴史的展開と新型コロナウイルス感染症対策――感染症に関する危機管理の課題――」立命館法学5・6号、692-716頁。

日本経済新聞（2017）「地方への国権限強化議論　保健所めぐる法改正念頭」2021年7月8日。

日本経済新聞（2023）「コロナ日本の教訓　露呈した「バラバラ行政」」2023年5月6日。

日本経済新聞（2023）「コロナ日本の教訓　有事対応の責任曖昧」2023年5月8日。

橋本行史（2021）「地方創生視点から見る近代山田村形成史――『山田村郷土誌』を中心として」『政策創造研究』第15号、1-30頁。

村田誠治編（1898）『神戸開港三十年史・坤』開港三十年紀念会。

第6章

コロナ・パンデミック以後の地方創生
―― ICT活用の可能性と課題：
ソーシャル・キャピタルの視点から――

明石　照久
(熊本県立大学名誉教授)

第1節　はじめに

　2019年に中国武漢市で発生したコロナ感染症（2019年12月武漢市当局が原因不明のウイルス性肺炎の発生を発表）が世界中に蔓延し、3年余りの間、猛威を振るった。日本でも、この間、三密（密閉・密集・密接）を避けるため、企業等でリモートワークが広がったほか、大学でも、リモート講義が一気に増えるなど、人々の働き方・学び方や組織運営方法が大きく変わった。

　本稿では、コロナ・パンデミック以後の変化を念頭に置きながら、リモートワークやオンライン教育・学習を支えるICTの発達が地域社会に及ぼした影響、その利活用の可能性や課題等について、ソーシャル・キャピタルの理論枠組みに即してふりかえる。具体的には、九州南部に位置する二つの地域のケースを取り上げ、想定外のコロナの大波を乗り切るためにインターネットとICTがどのように用いられたのか、また、両地域で駆使された中核的な要素は何であったのかを探ることとしたい。

　現在、急速な少子高齢化が進む中、各地で地方創生を目指す自治体総合戦略が策定されている。自治体総合戦略の多くは、地域ブランドの確立や地域特産品の開発による産業振興、地域産品の販路拡大、企業誘致、観光客誘致、移住定住促進などの政策を骨子としている。しかし、多くの場合、大きな政策効果は生じていない。地域の実情を反映しない同工異曲の政策を単に真似るだけでは実効性はあがらない。地域の実情を正確に把握して、戦略の窓を開くことのできる事業主体の確立が何にも増して求められる。

今、地方創生の事業主体として、各地で地域商社の設立が相次いでいる。組織形態としては、株式会社、合同会社、一般財団法人、一般社団法人など多様だが、自治体と連携しつつ、地域産品の開発や販路拡大などに取り組み、地域活性化を目指す団体であることは共通している。地域商社には、地域に根差した事業主体として、地域内外の関係者をつなぎ、新たな価値を創造する役割が期待されている。

　近年、熊本県上天草市における観光事業（ホテル事業、イルカウォッチング等）の隆盛に注目が寄せられている。そこでは、複数の地元企業が合計で約80億円の投資を行い、明確で独自性のある戦略に基づいて、斬新な施設整備とサービス開発に努め、誘客に成功している。この例にみられるように、地元の民間企業が事業主体として地域活性化に取り組むことのメリットは大きい。成功のカギは、複数の地元企業がそれぞれ独自性のある戦略のもとに、投資を行い、リスクを取りながら工夫を凝らしているところにある。

　本稿の目的は、具体的な事例記述によって、地域商社の果たす役割と機能を明らかにすることにある。私は熊本県立大学（以下「大学」という。）を定年退職後、鹿児島県長島町で、2016年から2019年までの間、町の地方創生プロジェクトに従事した。さらに、2019年7月からは、内閣府の地方創生人材支援制度により、大学から多良木町へ派遣され、町の地方創生顧問として、地域商社機能を担う団体の設立準備業務に携わった。そして、2020年10月に多良木町の全額出資により設立された一般財団法人たらぎまちづくり推進機構（以下「財団」という。）の初代代表理事に就任し、現在に至っている。

　本稿では、分析と考察を進めるための素材として、私が深く関わってきた長島町、多良木町、財団及び長島未来企画株式会社（以下「会社」という。）の事例を取り上げる。両地域のケースから、コロナ感染症拡大の前後に、現場でどのような変化が生じていたのかを跡付け、ソーシャル・キャピタル理論に即して、ネット全盛の時代における地域変容の可能性を俯瞰する。はじめにソーシャル・キャピタル理論について、インターネットに関わりが深いと思われる論点に限定して、その系譜を辿る。

第2節　ソーシャル・キャピタル理論の系譜

　ソーシャル・キャピタルは通常「社会関係資本」と訳されることが多いが、多様なアプローチがなされている。ソーシャル・キャピタル理論には、二つの流れがあることが知られている。筒井（2007）は、社会関係資本理論における二つの立場について、次のように整理している。「一つは社会関係資本を社会的な共有財とし、それが社会の成員に何らかのプラスの機能を果たしていると考える立場であり、二つ目は、社会関係資本を個人の持つ社会関係とし、それが個人に何らかの便益をもたらしていると考える立場である」（123頁）。

　前者の立場、つまり社会関係資本を共有財として扱う代表格として、パットナムをあげることができる。パットナムはイタリアにおける地域研究からソーシャル・キャピタルの理論化を試みた。この立場では、特定の集団、地域、国などに属するメンバーが共有する財として社会関係資本を捉えるところに特徴がある。パットナム（2001/原著1994）は、ソーシャル・キャピタルを「調整された諸活動を活発にすることによって社会の効率性を改善できる、信頼、規範、ネットワークといった社会組織の特徴をいう」（206頁）と定義した。彼はネットワーク、規範、信頼などの存在が当該集団のメンバーに対する教育や効率性の向上に役立つと主張した。

　この後、パットナムは米国社会の研究を進め、*Bowling Alone*〈2000年版〉により、米国社会におけるソーシャル・キャピタル衰退の傾向について警鐘を鳴らした。パットナムの研究については、多くの批判があることもよく知られている。そもそもPatnum（2000）が取り上げている各種の社会参加に関わる指標（投票、教会、PTA、労働組合、ボウリング・リーグ等）で示される参加率の低下から直ちにソーシャル・キャピタル衰退を結論づけることができるのか、議論の分かれるところである。

　例えば、Patnum（2000）は「20世紀後半、ボウリングファンは増えているのに、ボウリングチームに加わってリーグ戦に参加する人は急激に減少している。かつてリーグ戦のレーンは気の置けない仲間とビールを飲んだり、ピザを食べたりしながらプレイし、楽しく語らう場であったが、今では一人でボール

を投げる人が増えている。ほとんどのアメリカ人にとって、ボウリングが投票よりも大事かどうかは別として、この現象もソーシャル・キャピタル減衰を示す一形態である」(113頁)と記し、ソーシャル・キャピタル減衰の一例としている。しかし、それをソーシャル・キャピタル衰退の例証とできるかは疑問である。また、パットナムは、ソーシャル・キャピタル衰退へのテレビの影響も取り上げていたが、20年前と比較して、ネット全盛の今、一方通行のツールでしかないテレビの影響力は、見る影もなく低下している。

米国においてソーシャル・キャピタルが衰退しているとのパットナムの結論について、リン(2008)は「明らかに早とちりであるし、事実誤りである。インターネットとサイバーネットワークの登場は、社会関係資本の革命的な成長を予示している。」(310頁)と述べている。2020年代に入って、リン(2008)の予言どおり、ICTの進化はさらに進み、サイバーネットワークの世界が質量ともに拡大を続け、ソーシャル・キャピタルを取り巻く社会環境に非可逆的な変化をもたらした。

これに対応して、Patnum(2020)は、*Bowling Alone*の初版出版後の20年間に及ぶインターネットとバーチャル環境の急激な変化を取り上げている。特にPatnumとJ.C.Hahnによって書かれた「あとがき」(415-444頁)では、彼らのこの20年に及ぶ研究の経緯が綴られている。そして、2020年2月に書き始められた「あとがき」の完成が、その直後に激化したコロナ・パンデミックの混乱により、2020年7月にずれ込んだ事情も明かされている。彼らは、コロナ・パンデミックに起因する社会変容がバーチャルと対面(リアル)の関係に変化をもたらす可能性を示唆してはいるものの、「あとがき」が完成した2020年7月時点では確実なことは分からないとの見解を示している。

Patnum(2020)の中心的なアイデアは「社会関係資本」である。そして、その中核要素は「社会的ネットワーク」であり、社会的ネットワークが関係当事者と傍観者(経済学でいう外部性の体現者)の両方の価値に関わっていることを指摘している。彼らは、実際のネットワークが純粋にバーチャルでもなく、純粋に対面でもない両方のネットワークを組み合わせた予想外の特性を持つ新しい混合物を作り出せるという事実に着目し、その比喩として「合金(alloy)」

（416頁）という言葉を用いている。彼らは「エージェンシー」機能に着目し、インターネットの進化の方向性と社会における役割を決めるのは、技術ではなく、ユーザーとインターネット起業家の双方が行う選択と合意であることを強調している。つまり、彼らは、インターネットが社会関係資本の形成や強化に役立つのか、あるいは、その逆となるのかは、技術ではなく、基本的には、それを使う人々が決定すると述べている。人々の決定こそが技術開発と利活用の内容を決めるのであり、その逆ではないとの主張である。

　PatnumとHahnによる「あとがき」は、「最終的には、インターネットが社会関係資本の強力な源となるかどうかは、読者、特に若い世代の決定に委ねられている。彼ら若い読者層はインターネットを自分たちの望む形に進化させることができ、アメリカの社会関係資本を回復させるための素晴らしい合金を創り出す、彼らのエネルギーとオンラインについてのノウハウを国民は必要としている」（444頁）という言葉で締めくくられている。将来に向けたサイバーネットワークへの期待をうかがわせる結びであり、2000年版の結論からは大きく変化している。

　他方、個人材としての社会関係資本に着目する立場もある。ここでは、ナン・リンの研究を取り上げる。リン（2008）は、行為者に焦点を定めて、組織、社会、ネットワークとの相互関係の中で、行為者が自らを取り巻く集団や社会関係からどのようにして利得を得ているのかという観点から理論を組み立てている。台湾出身のリンは台湾や中国の多彩な事例を紹介しながら、行為者が自らの立場を確立し、利得を得るために自らの周りの社会関係（例えば、共産党等の組織）を利用する行為の形式に着目しながら議論を展開している。リン（2008）は、「資本とは市場で利益を得ることを目的としてなされる資源の投資」（3頁）と定義したうで、社会関係資本の特性を明らかにしようとした。

　リン（2008）は個人材としての社会関係資本に関する理論を整理して、人的資本と物的資本の差異について「人的資本は物的資本と異なり、労働者自身に付加される価値である。それは、労働者が生産過程、交換過程のなかで、雇用者または会社にとって有用な知識、技術、その他の価値を身につけることで生まれる。したがって物的資本と人的資本とのあいだの重要な違いは、人的資本

が労働者自身に備わった付加価値だということにある。典型的には、労働者の人的資本は教育、訓練、経験によって操作化されたり、測定されたりする。労働者の人的資本への投資は、会社/生産者だけでなく、労働者自身にとっても好ましいものである。人的資本は労働の価値を上げ、付加された価値は労働者自身の意思によって、賃金や便益に変換することも、そのまま保持し続けることも可能となる。それにより労働者は最低限の生活費欲求を満たす以上の賃金や便益を手にすることができるのである。」(11頁)と述べている。さらに、リン(2008)は「私は社会関係資本を、社会的ネットワークに埋め込まれた資源として測定すべきだと主張したい」(267頁)とも述べている。

　社会関係資本理論に関しては、ナン・リンのほかにも、グラノベッターやブルデュー等、多数の研究と多彩な理論が存在する。しかし、理論の詳細なレビューは、本稿の射程外であるため、理論の検討はこの程度に止めておきたい。ここからは、長島町と多良木町が最も力を入れている人材育成に関わるケースに軸足を移し、ICT利活用の現況と可能性について考察する。

　社会関係資本を人的費本の側面から見ていくと、教育や人材育成に大きく関係していることが分かる。リン(2008)が指摘しているとおり、人的資本は労働者が教育を通して自身の自由意思で蓄積することができ、自らの相対価値を高める。そして、ICTはそのプロセスにおいて、重要な役割を果たす。今、ICTに支えられたバーチャルな関係を有効に用いることによって、地元に居ながら最新の技術を学び、情報を得、リモートで働く道筋が見えてきている。サイバーネットワークの活用で、地方においても、各個人の人的資本形成と機会獲得が可能となり、社会関係資本強化への道が開かれている。もちろん、ネットのつながりがリアルのつながりに全面的に取って替わるものでないことも明らかであり、Patnum(2020)の言うバーチャルとリアルの合金を形成することが重要な課題となってくる。次節では、この合金という概念を一つの手がかりとして、長島町と多良木町におけるコロナ・パンデミック前後の変化を振り返る。

第3節　研究対象事例の概要

まず、ケース記述の対象である二か所の地域について、その概要を簡単に紹介する。

1．鹿児島県長島町

長島町は、鹿児島県最西北部に位置する、面積116.12㎢、人口約1万人、世帯数約4,000戸の町である。日本一の生産量を誇る養殖ブリ（鰤王ブランド）で有名な水産業、赤土ジャガイモの農業、「島乙女・島美人ブランド」が人気の醸造業、「石積みと花のまちづくり」を支える土建業等を中心とする地場産業が堅調で、約500億円の経済規模があり、就業機会にも比較的恵まれている。しかも、町の合計特殊出生率は2を超えている。

しかし、近年、特に若年者の町外への流出が目立っており、町内唯一の高校であった鹿児島県立長島高校も生徒数の減少により、2005年に廃校となった。若年人口が減り続けると、結婚適齢期人口の深刻な減少を招き、少子化の更なる加速という悪循環を引き起こす。したがって、若年人口の流出防止と移住定住促進は、町の最も重要な政策課題となっている。

町が進める各種の地方創生プロジェクトに協力してきたのが会社（長島未来企画合同会社として設立。その後、株式会社に組織変更）である。会社は町の地域おこし協力隊員有志が設立をした団体である。町からの出資はなく、純然たる民間会社であるが、町の地域おこし協力隊員が設立した経緯から町とは密接な連携・協力関係を維持している。なお、会社は設立当初より、会計管理、電子契約などのクラウドサービスを利用し、事務処理のデジタル化を進めていた。

2．熊本県多良木町

次に、私が現在、研究・活動の拠点としている熊本県多良木町（以下「町」という。）についても、簡単に紹介をしておきたい。町は熊本県南部、球磨郡の東部にあり、東西21.0km、南北22.8km、中央部は平坦地で、南部と北部は緑

豊かな森林におおわれている。面積165.86km²、人口約8,300人で、面積の約80パーセントが山林原野である。水利の便、肥沃な土地と温暖多湿の気候も相俟って、良質の米や各種の果樹等の生産量が多い。さらに豊富な森林資源により、材木、椎茸等、良質の山産物にも恵まれている。

　この地域でも人口減少と高齢化が進み、2019年には熊本県立多良木高校が廃校となるなど、若年人口の減少が目立つようになった。産業振興、雇用機会創出など、地方創生の課題に応えるための組織として、2016年に財団の前身である「しごと創生機構（任意団体）」が設立され、ドレッシングの製造・販売、地元産品（米、果物等）の販路拡大などの事業がスタートした。しかし、「しごと創生機構」には法人格がないため、経営主体としての即決即断が難しく、戦略的な事業展開の困難さが目立つようになった。そこで、地方創生事業のさらなる深化・高度化を目指すため、「しごと創生機構」の組織改編を行い、法人化することが検討された。検討の結果、町は一般財団法人たらぎまちづくり推進機構の設立を決定し、財団は地域の内外をつなぐ要の役割を担う地域商社（エージェンシー）として産声をあげた。

　財団の概要は表1のとおりである。

表1　組織の概要

名　　　称	一般財団法人たらぎまちづくり推進機構		
設　立　者	多良木町（全額出資）	設立年月日	2020年10月1日
種　　　別	地域商社	設立目的	地方創生の推進
主　事　業	① 商品開発・高度化、販路開拓、ECサイト運営 ② ふるさと納税業務 ③ 人材育成（企業・大学等との連携）	所　在　地	熊本県球磨郡多良木町多良木730番地3

第4節　コロナ・パンデミック前後の大きな変化

　以上に紹介した両地域では、雑多な事業が実施されているが、本稿の主題との関係から、インターネットとサイバーネットワークに関わる事例だけを取り上げる。

１．長島町及び会社

　長島町では、2016年当時、内閣府の地方創生人材支援制度により総務省キャリア官僚が町へ派遣され、副町長に就任していたほか、東京のICT系ベンチャー企業の創業者を地域おこし協力隊員に迎えるなど、外部人材が積極的に登用されていた。ICT、ネット通販などに豊富な経験と知識を有する若手人材がそれまでの人脈を活かして、ECサイト構築、新商品開発や販路拡大などに活躍していた。このため、副町長をリーダーとする地方創生チームでは、コロナ感染症が問題となるはるか以前から、オンライン会議、各種SNSの活用など、リモートワークが日常化していた。

　当時、長島町では、光回線が整備されていないなど、ネット環境には決して恵まれてはいなかったが、ICT系の人材が地域おこし協力隊員として複数名、配置されていたため、オンライン会議、連絡ツールであるSlack、メッセンジャー、ライン、ツイッターの利用などがWi-Fi経由で支障なく行われていた。なお、コロナ感染症拡大に前後して、光回線の敷設が長島町内でも完成し、ネット環境は大きく改善された。

　長島町における住み込み研究から、社会関係資本の構築にインターネットやサイバーネットワークが大きく貢献していることを観察・体験することができた。併せて、ネットを介したつながりが多様な価値や利得を生み出しているほか、リアルな人と人とのつながりをも生み出し、人的資本の蓄積にも役立つことに気づかされた。

　例えば、地域おこし協力隊員の一人は、町で活動をしながら、慶應義塾大学SFC（以下「SFC」という。）の大学院に入学し、リモート講義とSFCでのリアル講義を受講しながら、修士論文を書き上げ学位を取得した。また、総務省

キャリアから町に派遣されていた副町長は東京大学（以下「東大」という。）の卒業生であったため、東大との連絡調整に尽力し、キッチンカーの東大学園祭等への出店、東大学生とのコラボプログラムなどを次々に実現させた。また、彼はSNSを介した情報発信を毎日行っていた。その結果、オンライン会議等とリアルの来町・交流を組み合わせた広域にわたるハイブリッドの関係づくりが大きく進んだ。また山の斜面に映像を投影して野外で映画を楽しむイベント用の高性能プロジェクターの購入資金がクラウドファンディングによって調達されたが、この際にもSNSを介した情報発信が威力を発揮した。さらに町内で、東京、福岡等に所在する企業からWebデザインに関わる業務等をリモートワークで受託する複数の地元起業家が現れていた。長島町では、コロナ以後、全国に広がったリモートワークの先駆けとなる試みがICT人材によって逸早く進められていたと言える。

　次に会社の事業として取り組んだ空き家利活用の事例を紹介する。会社は、指江地区に立地する古い建物（木造2階建て・延床面積280㎡）と敷地を2018年7月に購入した。会社では、当該建物を交流施設として整備する計画を立て、建物リノベーションの専門家集団から指導と支援を受けながらDIYリノベに取り組んだ。建物の改修工事は2019年3月末に完成した。

　リノベワークショップを実施する際、苦労するのは、働き手の動員である。地元だけでは、十分な人手を集めることは難しい。この取り組みでは、SNSを駆使して、人を集める工夫が行われ、鹿児島市内の高校生、東大生、慶大生、早大生などの多彩な参加者を集めることに成功した。ネットとリアルの融合に関わる格好の事例と言える。サイバーネットワークだけで、リアルのネットワークとの融合がない場合、成果を生み出すことは難しい。Patnum（2020）でも、ブラック・ライブズ・マター[(1)]の運動で、ネットとリアル、両方に関係を持つ活動家のみが成果を挙げているという事例（436頁）が紹介されている。

2．多良木町及び財団

　海の街、長島町に対して、多良木町は山の街である。多良木町ではNTTの光回線が早くから整備されていたため、ネット環境には恵まれていた。この優

れたネット環境を活用して、東京のスタートアップ企業が町内の主婦層を主な対象として、リモートでWebページ作成等に必要な教育訓練を行い、その業務を発注する取り組みを既に始めていた。

　他方、2019年当時の町役場では、せっかくのネット環境を使いこなせていない現実があった。財団設立準備に当たる地方創生担当の職員がインターネットやコンピューターに精通していたため、その職員だけが例外的にオンライン会議などを日常的に行っていた。その後、周りの職員も、連絡ツールのSlack、ライン、ツイッター、フェイスブックなどを業務で頻繁に使うようになり、関係職員のネットスキルとリモートワークのレベルは格段の向上を見せた。

　さらに財団設立後、新規採用されたスタッフの間でも、ネットスキルの習熟が進み、支障なくリモートに対応できる体制が整えられた。財団では、設立当初から決裁処理、会計管理、出退勤管理のクラウドサービスが利用されていたほか、ECサイトの運営、ふるさと納税業務などでも、インスタグラム等が有効に活用されている。このような下地があればこそ、コロナ自粛の期間中も円滑な業務運営ができたと言える。

　財団では、人材育成と教育に関わる事業に力を入れてきたが、以下、主な教育プログラムの事例を紹介する。

⑴　Classi社との連携プログラム
【事 業 名】中高生学び応援プロジェクト
【連 携 先】Classi株式会社
【日　　程】2023年8月1日～8月4日
【概　　要】Classi㈱はソフトバンク㈱と㈱ベネッセが出資をして設立されたベンチャー企業であり、学校での教科学習を支援する各種のサービスを提供している。19名の受講申し込みがあり、延べ60名の生徒が参加した。Classi社から3名の社員が来町、多良木町に滞在し、プログラムの実施に当たった。当日の実施内容は、AIを使った学習法の実習であった。まず、タブレット端末を用いて、各生徒が英・数・国の問題に解答する。そして、その正答率をAIが計測・判定する。その結果に基づいて、AIの選んだ最適の練習問題が次々に

各生徒のタブレットに表示されるので、各生徒はその問題に取り組んで、理解を深めていくという手順であった。AIを利用した個別学習方式であり、大きな教育効果があった。実際に最後の効果測定の問題では生徒全員が得点アップを果たしていた。プログラムの最後において、副町長、中学校の教務担当教師を交えた関係スタッフによる振り返りの場が持たれ、社会関係資本の本質に迫る意見交換が行われた。

(2) その他の取り組み

このほか、サイバーネットワークを活用した教育プログラムとして、㈱DeNAと連携した小中学生向けプログラミング教室、マインクラフトを用いたバーチャルな空間づくり実習（小中学生向け）も実施した。いずれの事例も児童生徒を対象とする教育プログラムであり、財団は事業者と行政・学校をつなぐ役割を果たし、実際の運営業務を担当した。㈱DeNAとの連携プログラムは、コロナ感染症拡大以前の2020年度から取り組みが開始されていた。コロナ感染症拡大による地域間移動自粛のため、プログラムの実施が危ぶまれたが、オンラインによるハイブリッド対応で、無事にプログラムを終えることができた。

(3) オンラインの有効性と利点

各プログラムにおいて、頻繁にスタッフ間の事前打ち合わせが行われたが、すべてオンラインでの対応であった。インターネットとICTを活用することで、地理的に不利な条件を緩和することができ、逆にリアルな「つながり」とバーチャルな「つながり」を融合・結合した新しい社会関係資本の形成と蓄積に資する実験も可能となった。このような関係づくりのカギを握っているのは人材・組織と技術である。教育と人材育成の取り組みこそがコロナ以後の地方創生の行方を左右する最も重要な要素であることは間違いない。

これまで、紹介してきた長島町及び多良木町の事例は、教育や人材育成と深い関わりを持っている。ソーシャル・キャピタルの用語や考え方の源流の一人と目されるハニファンは米国の教育者であり教育学者であった事実を思い起こせば、社会関係資本と教育に深い相関関係があることには納得がいく。サイバ

ーネットワークを活用した教育プログラムを推進することで、地方創生の隘路打開に一つの糸口を見出すことができる。

第5節　サイバーネットワークを活用した教育・人材育成プログラムが目指すゴール

　長島町と多良木町のケース記述を通して、サイバーネットワークを介した学びと業務運営の一端を紹介した。特に財団に関しては、教育・人材育成事業に関する記述が中心になっている。これは、財団事業の基本コンセプトが人材づくりにあるからである。社会関係資本には、共有財としての側面と個人財としての側面があることは先に述べたとおりである。財団は、個人財としての人的資本が充実すれば、共有財としての社会関係資本の厚みと安定を増幅するとの仮説に基づいて事業を組み立てている。

　コロナ以後、ICTを活用した隔地者間の情報交換の在り方が劇的に変化し、リモートワークやオンライン学習の可能性がはっきりと見えてきた。しかし、サイバーネットワークを活用するためには、技術、スキル、手順に関する基礎的な知識が不可欠となる。このニーズに応え、地域におけるICTリテラシーを高めるために、財団では各種の講座や教室の取り組みを進めてきた。地元の児童生徒等のICTリテラシーを向上させることで、サイバーネットワークの世界に自由に行き来できる人材の確保が可能となり、新たな仕事創成に道を開くことができる。財団が目指すゴールは、地域における関係者のICTリテラシーの向上により、新たな雇用機会創出や起業を促し、関係者及び地域の所得向上を図ることにある。現に人吉球磨地域でも、ネットスキルを習得し、リモートワークで大手ゲームソフト企業のデバッグ業務などを受託する地元人材、生産者・地元企業等のICT利活用の支援に当たるコンサルタント業を始めた地元起業家、さらには、Eコマースに注力する生産者も現れている。

　ICTリテラシーとリアルな活動の組み合わせが機会獲得につながる一例として、財団事業の一つである「ふるさと納税業務」の成果を紹介したい。2023年9月単月で7,700万円（前年同月の10倍額）のふるさと納税寄付があった。10

月からの制度運用厳格化を前にした駆け込みの要素はあるにしても、SNSによる情報発信とスタッフの地道な営業活動のハイブリッドな結合が寄付額増加という結果を生み出した。加えて、サイバーネットワークが財団スタッフの教育に効果的であることも明らかとなった。

　基本的なICTリテラシーがあれば、関係する企業や人材との多彩なつながりを生み出し、財団スタッフや中高生など地域の若者に対する大きな教育効果を引き出すことができる。

　今、世界的に、サイバーネットワークを活用した社会関係資本の形成と蓄積への関心が高まっている。NFT[(2)]技術を用いたデジタル住民に対するサービスを開始する地域[(3)]も現れている。多良木町においてもICT企業によるNFTセミナーが財団事務所で開催された。

　以上のとおり、二つの町における住み込み研究から、サイバーネットワークが社会関係資本の形成に重要な役割を果たしている事実と人的資本形成にICTが大きな力を発揮することを確認できた。さらに両ケースとも、コロナ感染症拡大以前に、ICT人材の支援により、インターネット活用の基本的な体制と運用手順が確立されていたことを強調しておきたい。その体制がなければ、コロナ感染症が引き起こした混乱への適切な対応が困難であったことは容易に想像できる。長島町と多良木町の事例から次の仮説を導出することができると考える。

〈仮説〉

（１）インターネット及びサイバーネットワークは、社会関係資本の形成・蓄積と強化に有効であり、関係者への大きな教育効果を持っている。

（２）本稿で取り上げた両地域のケースに、Patnum（2020）が示した「サイバーネットワークと対面のネットワークを組み合わせると、社会関係資本強化につながる予想外の特性を持つ新しい混合物（合金）を作り出せる」という仮説は良くあてはまる。

（３）サイバーネットワークと対面のネットワークを結合させる（合金を作る）ためには、人材、受け皿組織（例えば、地域商社）、制度、技術に支えられたプラットフォームを構築する必要がある。

第6節　地域資源をまとめ、つなぐ要としての地域商社

　共有財としてのソーシャル・キャピタルの構成要素であるネットワーク、規範、信頼、互酬性等は、一朝一夕で形成されるものではなく、長い年月の積み重ねが必要となる。ネット時代のソーシャル・キャピタルにおいても事情は同じである。サイバーネットワークの世界では簡単につながることができる反面、息の長い関係性を維持することは難しく、細心のメンテナンスが不可欠となる。

　つながりを見つけ、維持し、発展させるには、人や組織をつなぐ場所、機会、情報と手段が必要となる。ネットの関係性を実在化するためには、リアルの関係性への変換が不可欠である。例えば、空き家リノベを実施するために、ネットで参加者を募るだけでは、壁塗り作業は一歩も前に進まない。現実に参加者を動員して、現地で受け入れ、万全の体制を整えてこそ工程は進んでいく。ネットとリアルの融合がなければ、壁塗り工程を終えられない。

　事業を進めるにあたって、オンライン接続は始まりでしかない。共通の技術、コンテンツ、人脈、情報などを組み合わせ、時系列に順次展開していくマネジメントの巧拙がすべてを決定する。ICTがさらに進化し、より機能的になったとしても、それを使いこなすのは人であり、組織であることを忘れてはならない。良い関係を作るには、不断の働きかけと、さらには機会と関係者への意識づけが欠かせない。リアルの世界でも、人と人をつなぐ地域商社の果たす役割は大きい。

　財団はネットとリアルの両面で、地域内の若者や生産者による人的資本投資を助け、彼らの労働者や起業家としての付加価値創出に役立つ場と機会を提供している。併せて関係人口交流のプラットフォーム機能も担っている。都市部企業からの副業・兼業者も含めて、地域に蓄積される人的資本の厚みが増せば、地域における雇用創出や起業による所得拡大に道を開くことができるようになる。財団の人材育成事業は、地元の若者にチャンスをもたらす第一歩なのである。

第7節　地方創生の可能性を開く国際連携

　これまで述べてきたとおり、地方創生をめぐる環境は大きく変わった。まさに地方のコミュニティは再起動の時を迎えている。今、ICT、AI技術、とりわけChat GPT等、生成AI技術の進歩は著しく、大きな可能性が眼前に広がる一方、不安も蔓延している。今こそ、ネット時代にふさわしい社会関係資本の在り方を真摯に追求していく時であると言える。

　2023年3月に台湾雲林科学技術大学の張文山教授と19名のMBA学生を多良木町に迎え、町長を交えた意見交換の場が持たれた。台湾、香港、韓国、米国等の関係者とはSNSを介して普通にやり取りができているし、中国の関係者ともネット越しの意見交換・交流は問題なくできる。これからの社会関係資本再構築を検討するにあたって、世界とつながるSNS抜きに論じることはもはや不可能である。サイバーネットワークをうまく使えば、マーケットの拡大、情報発信力の強化など、競争条件の変更も可能となる。そのためには、2020年改訂版の*Bowling Alone*で論じられているとおり、リアルのつながりとネットのつながりをうまく組み合わせること（合金づくり）が重要となってくる。

　現在、少子高齢化が進む日本社会において、安心で安全な地域社会の持続可能性を高めるため、自治体業務の見直しと国内共通システムに準拠したデジタル化が急速に進められようとしている。2020年9月1日に施行された「地方公共団体情報システムの標準化に関する法律」（令和3年法律第40号）は、全国の自治体に対して、2025年度末までに、国の示す自治体基幹業務（住民基本台帳、戸籍等、20業務）システムを国が示す標準仕様に適合したシステムに移行させることを義務付けている（第8条）。移行に当たっては、原則として、政府共通のクラウドサービス（ガバメントクラウド）が利用されることになっている。

　これ以外にも、リアルとネットの効果的な融合を支えるデジタル社会の基盤づくりが官民をあげて全国規模で進められている。社会関係資本をデジタル時代の新たな高みへと導くための創意工夫が今まさに求められている。日本でのデジタル社会構築に向けた取り組みは長きにわたっているが、諸外国に比べて

出遅れが目立っている。ICTを駆使した行政手続の整備や地域社会の関係づくりに豊富な経験と実績を持つ台湾や韓国、さらには、ライブコマース先進国の中国の動向等から地方の現場が学ぶことは多い。国際的な比較研究の重要性は今後ますます高まっていくものと思われる。

第8節　おわりに

　本稿では、二つのケース記述から社会関係資本の形成と蓄積にICTが大きく貢献できることを明らかにした。さらに関連する地域資源をまとめ、つなぐ役割を果たす中間支援団体としての地域商社の可能性についても言及した。本稿を締めくくるにあたって、ネット時代の社会変容と技術的な可能性を踏まえた社会関係資本の形成と蓄積（ネットワークの合金づくり）に地域商社が大きく貢献できることを改めて強調しておきたい。

　コロナ以後、自治体DX[4]の動きが加速する中、自治体の日常業務へのクラウドサービスの利用拡大など、自治体職員のICTスキルは確実に向上している。デジタル社会形成基本法（令和3年法律第35号）第3条で定める「情報通信技術の恵沢をあまねく享受できる社会が実現される」ためには、国・自治体職員、企業、関係団体、住民等、関係者のICTスキルの向上が不可欠である。

　コロナ感染症による社会経済活動への打撃を一定程度、軽減できた理由の一つは、間違いなく、デジタル技術の活用であった。サイバーネットワークがなければ、コロナ感染症の混乱は今も続いていたかもしれない。自治体がガバメントクラウド[5]の利用を円滑に進め、リアルとネットを結合した質の高いサービスを提供すれば、住民満足度は確実に向上する。今後の政策課題としては、ネット社会型の社会関係資本形成に向けた公的な支援制度創設があげられる。ICTを活用した社会関係資本の形成と蓄積を前に進める「仕組みづくり」に期待しつつ、筆を擱くこととする。

　なお、本稿中、見解にわたる部分は筆者本人の見解であり、町や財団の公式見解ではないことを申し添えておきたい。

（注１）2020年５月ミネソタ州で発生した「黒人男性が警官から暴行を受け死亡した事件」を発端とする抗議運動の呼称であり、運動は全米に拡大した。

（注２）Non-Fungible Token（非代替性トークン）の略称。「偽造・改ざん不能のデジタルデータ」であり、ブロックチェーン上で、デジタルデータに唯一の性質付与をして真贋性を担保する機能や、取引履歴を追跡できる機能をもつもの」のこというとされている。（デジタル庁資料より）

（注３）長岡市山古志地区などでは、NFT（非代替性トークン）」でデジタルアート作品を制作、電子住民獲得の試みを実施している。（読売新聞 https://www.yomiuri.co.jp/national/20230419-OYT1T50179/）

（注４）DX（デジタル・トランスフォーメーション）：ICTの浸透が人々の生活をあらゆる面でより良い方向に変化させること（総務省 https://www.soumu.go.jp/denshijiti/index_00001.html）より引用。

（注５）ガバメントクラウド「政府共通のクラウドサービスの利用環境です。クラウドサービスの利点を最大限に活用することで、迅速、柔軟、かつセキュアでコスト効率の高いシステムを構築可能とし、利用者にとって利便性の高いサービスをいち早く提供し改善していくことを目指します。地方公共団体でも同様の利点を享受できるよう検討を進めます。」（デジタル庁 https://www.digital.go.jp/policies/gov_cloud）より引用。

【参考文献】

明石照久（2002）『自治体エスノグラフィー』信山社

明石照久（2017）「地域社会における組織学習——鹿児島県長島町における地域おこし協力隊の活動事例から——」橋本行史編著『地方創生——これから何をなすべきか——』創成社、216-245頁。

明石照久（2020）「公民連携による空き家利活用支援制度に関する法社会学的考察—鹿児島県長島町の空き家再生エスノグラフィー」泉水文雄・角松生史監修、法政策研究会編『法政策学の試み、法政研究第20集』信山社、149-200頁。

Eversole, R.（2018）. Towards an Anthropology of Local and Regional Development Practice. *Human Organization*, Vol.77, No. 4, 2018, pp336-346.

金子勇（2016）『「地方創生と消滅」の社会学 日本のコミュニティのゆくえ』ミネルヴァ書房

宮川公男・大守隆編著（2007）『ソーシャル・キャピタル 現代社会のガバナンスの基礎』東洋経済新報社

ナン・リン 筒井淳也/石田光規/桜井政成/三輪哲/土岐千賀子訳（2008）『ソーシャル・キャピタル 社会構造と行為の理論』ミネルヴァ書房

西研（2020）「本質観取をどのように行うか——現象学の方法と哲学的人間論」竹田・西編著『現象学とは何か 哲学と学問を刷新する』河出書房新社、61-120頁。

パットナム・R. 河田潤一訳（2001）『哲学する民主主義——伝統と改革の市民的構造』NTT出版。（原著1994年刊行）

Putnam, R.（2000）*Bowling Alone : the collapse and revival of American community*. New York: Simon & Schuster Paperbacks.

Putnam, R.（2016）*Our Kids: The American Dream in Crisis*. New York: Simon &

Schuster Paperbacks.

Putnam, R.（2020）*Bowling Alone: Revised and Updated: The Collapse and Revival of American Community*. New York: Simon & Schuster Paperbacks. Kindle版

行岡哲男（2020）「正しい判断の不可能性を超える．」竹田・西編著『現象学とは何か 哲学と学問を刷新する』河出書房新社、225-252頁。

筒井淳也（2007）「ソーシャル・キャピタル理論の理論的位置づけ」『立命館産業社会論集』第42巻第4号、123-135頁。

Geertz, C.（1973）*The Interpretation of Cultures*. New York: Basic Books.

Hayano, D.（1979）"Auto-Ethnography: Paradigms, Problems, and Prospects." *Human organization, 38*(1), 99. pp98-104.

稲葉陽二編著（2008）『ソーシャル・キャピタルの潜在力』日本評論社

稲生信男（2010）『協働の行政学』勁草書房

樫村志郎（1999）『もめごとの法社会学』弘文堂

金井壽宏，佐藤郁哉，ギデオン・クンダ，ジョン・ヴァン・マーネン（2010）『組織エスノグラフィー』有斐閣

金子勇（2016）『「地方創生と消滅」の社会学 日本のコミュニティのゆくえ』ミネルヴァ書房

マッキーバー, R.M., 中 久郎・松本通晴監訳（1979）『コミュニティ』ミネルヴァ書房

増田寛也（2014）『地方消滅』中央公論新社

Raz, A.（1999）"The Hybridization of Organizational Culture in Tokyo Disneyland." *Studies in Cultures, Organizations & Societies, 5*(2), 235.

佐藤郁也（1999）『暴走族のエスノグラフィー モードの叛乱と文化の呪縛』新曜社

田尾雅夫（1990）『行政サービスの組織と管理』木鐸社

玉村雅敏・井上貴至（2016）「産官学金労言で新機軸の地方創生プログラムを構築――鹿児島県長島町「ぶり奨学プログラム」――」『地方行政』第10649号、14-19頁。

玉村雅敏編著（2016）『ソーシャルパワーの時代「つながりのチカラ」が革新する企業と地域の価値共創（CSV）戦略』（株）産学社

Van Maanen, J.（1988）*Tales of the Field*. Chicago: The University of Chicago Press.

Van Maanen, J.（2011）"Ethnography as Work: Some Rules of Engagement" *Journal of Management Studies* 48:1 January, 218-234.

吉田洋（2016）『人口と日本経済』中央公論新社

第7章

自治体DXに向けたデジタル資源のシェア

竹下　智
(大阪経済大学国際共創学部教授)

第1節　はじめに

　近年、AI、クラウド、5G等ICT技術が急速に発展する中、世界的にデジタル社会が形成されつつある。我が国も、これまでの情報化社会（Society 4.0）から、サイバー空間（仮想空間）とフィジカル空間（現実空間）を高度に融合させたシステムにより、経済発展と社会的課題の解決を両立する、人間中心の新たな社会（Society 5.0）の実現を目指している[1]。

　2018年には、「世界最先端デジタル国家創造宣言・官民データ活用推進基本計画」が策定された。コロナ禍に伴い、2020年には、宣言の冒頭に「新型コロナウィルス感染拡大の防止、デジタル強靱化社会の実現」が掲げられ大幅な変更がなされた。大杉（2023）は、我が国の本格的なデジタル戦略は、コロナ禍が契機となったと述べている。

　2021年には、デジタル改革関連法が成立し、デジタル社会の実現に向けてデジタル庁が発足した。デジタル庁は、「誰一人取り残されない、人に優しいデジタル化を。」というミッション、「Government as a Service ／ 優しいサービスのつくり手へ。」「Government as a Startup ／ 大胆に改革していく行政へ。」という2つをビジョンとして掲げている[2]。

第2節　IT資源の有効活用

1．基幹システムの標準化、共同化（システム共同化からガバメントクラウド）

　民間のビジネスにおいて、企業のビジネスプロセスには、基幹システムの対

象となる購買管理、在庫管理、生産管理、販売管理、財務会計、原価会計、人事管理など多くのプロセスが存在する。自治体の業務においても、多くのプロセスが存在し、令和３年施行の「地方公共団体情報システムの標準化に関する法律」によって、現在国が進める標準化対象の基幹業務は20業務が対象となっている[3]。民間のビジネスでは、業務の標準化による生産性向上、効率化、システムの開発・導入・運用保守費用の削減などを目的に、ERPなどのパッケージソフトが活用されており、SAP社のERPがその代表格である[4]。また、地方銀行においては、基幹システムとなる勘定系システムについて、ほとんどの銀行がシステム共同化を実施している。日本銀行金融機構局（2009）は、そのメリットを、「自行単独での運営に比べ、システム経費削減とこれに伴う投資余力の拡大、サービス提供時間の拡大などシステム機能強化とこれに伴う顧客サービスの向上等」とし、システム共同化を「複数の金融機関がシステムを共同開発すること（システムの仕様を共同で決定し、システムの開発を共同で外部委託すること）、またはシステム運用を共同で外部委託すること」と定義している。

　自治体においても、パッケージソフトが広く用いられており、例えばNEC（日本電気株式会社）、株式会社サンネット、京都電子計算株式会社による自治体パッケージCOKAS-R/ADⅡは、令和５年時点で、約300団体に採用されている[5]。また、自治体のシステム共同化について、津田・市瀬（2021）は、その変遷を自治体が主体の①導入期（単独利用から共同利用へ）、②単独利用、③システム共同化（自治体クラウド利用）、そして現在の国が主体となる④ガバメントクラウドの４つのフェーズに区切り、情報技術の進化と共に説明している。ガバメントクラウドは、総務省の地方公共団体情報システム標準化基本方針（2023年）によると、「ガバメントクラウドは、デジタル庁が調達するものであって、地方公共団体が標準準拠システム等を利用できるよう、地方公共団体に対し提供するクラウドサービス及びこれに関連するサービスである。」と定義されている。

　津田・市瀬（2021）によると、自治体のシステム共同化の歴史は古く1964年に東大阪市と大東市によって始まった。その後、1970年代にシステム共同化の

取り組みが増加し、1982年にピークに達した（1975年時点の自治体数3,257に対し、441市町村（共同導入288団体、共同委託153団体））。その際、単独利用か共同利用かの選択の要因は財政力で、財政力を有する団体は単独利用、有しない団体の多くが共同利用であった。その後、バッチ処理からオンライン処理への処理形態の選択など含め、情報技術の進化によって、どのような方式／技術を採用するかという考え方等から団体間の違いを生み、システム共同化は、2000年には167市町村まで減少した。1990年代からは、民間企業において、汎用機からクライアントサーバーシステムへのダウンサイジングの時代となり、OS、各種ハードウェア、インターフェース規格など標準化が進められ、オープンシステムへと移行が進んだ。このような情報技術の標準化を背景に、平成の市町村合併では、自治体のニーズに応じ、パッケージソフトの拡充が図られ、10万人、20万人規模の自治体でも利用されるようになった。さらに、2000年代末ごろからは、IT資源を所有せず利用する運用形態となるクラウドコンピューティングが自治体でも活用されはじめた。基幹システムのパッケージソフトの展開、クラウドコンピューティングの利用形態の広がりから、コスト削減、業務負担の軽減、業務の共通化・標準化、セキュリティ水準向上を目的とした基幹システムの共同利用（自治体クラウド）が見られるようになった。それらの中には、4割以上のコスト削減、職員省力化の実現やクラウドグループ内での業務標準化を実現した事例も見られる。情報システムに対しては、インターネットの普及に伴って、直接的な住民サービスの向上が、費用対効果の向上に加えて、重要視されるようになり、今般の新型コロナ禍対策における一連のシステム開発・運用において、スピードと全国一律の高品質が求められたこともあり、住民視点での行政サービスを目指した抜本的な改善のためにデジタル基盤の構築が決定されたと述べている。

　これにより、システム共同化（自治体クラウド）は、自治体主体から国が主体となるガバメントクラウドへと移っていくことになる。

　なお、総務省によると2020年4月の時点で、クラウド導入は1,279団体まで拡大し、その内611団体が106のクラウドグループを構成している[6]。例えば、広島県の複数の自治体では、上述した自治体パッケージCOKAS-R/ADⅡを活

用するクラウドグループを形成している[7]。

2．本研究の目的と分析方法

　デジタル社会の実現に向けた改革の基本方針（2020年12月25日に閣議決定）において、目指すべきデジタル社会のビジョンとして「デジタルの活用により、一人ひとりのニーズに合ったサービスを選ぶことができ、多様な幸せが実現できる社会～誰一人取り残さない、人に優しいデジタル化～」が示された。総務省の自治体デジタル・トランスフォーメーション（DX）推進計画（2020）では、"このビジョンの実現のためには、住民に身近な行政を担う自治体、とりわけ市区町村の役割は極めて重要であり、自治体のDXを推進する意義は大きい"と述べられている。本自治体DX推進計画では、まず①組織体制の整備、②デジタル人材の確保・育成、③計画的な取組、④都道府県における市区町村支援という自治体におけるDX推進体制の構築が示されている。次に、重点取組事項として、自治体の情報システムの標準化・共通化、マイナンバーカードの普及促進、行政手続のオンライン化[8]、AI・RPAの利用推進、テレワークの推進、セキュリティ対策の徹底が示されている。加えて、自治体DXの取組みとあわせて取り組むべき事項（地域社会のデジタル化[9]、デジタルデバイド対策）、その他（BPRの取組みの徹底、オープンデータの推進、官民データ活用推進計画策定の推進）も示されている。すなわち、各自治体が、DX推進体制を構築し、これら重点取組事項とともに、地域社会のデジタル化、オープンデータの推進などを進めていくことになる。

　近年、DXを推進するにあたって、デジタル人材の確保や地域社会のデジタル化（デジタルシステム）といったデジタル資源に関する都道府県による市町村支援が、複数の自治体でデジタル資源をシェアする新しい取り組みとして見られるようになって来た。本研究では、これらに取り組む自治体へのインタビューを通して、現在の実情に合わせた自治体DXを進めるための方策を探ることを目的とする。

第3節　デジタル資源の有効活用

1．デジタル人材の確保

　DXを推進するということは、クラウド、AI、IoTなど最新技術を含むICT技術を活用して価値を産み出すことであり、そのためにはICTの知見を持つデジタル人材が欠かせない。令和元年版情報通信白書によると、アメリカではICT人材の65％がIT企業以外のICTを活用するユーザー企業や自治体に所属するのに対し、日本のICT人材は、72％がIT企業に所属しており、それ以外の組織には28％しか所属していない。特に公務分野のICT人材の所属率は、アメリカの数分の1以下と、自治体のICT人材は非常に少ない。令和2年の東京都のスマート東京実施戦略において、世界の主要都市では1,000人以上の規模でICT人材が活躍している（ニューヨーク約1,500人、シンガポール約2,600人）のに対し、東京都は約100人と、東京都がデジタルシフトを進める上での喫緊の課題はICT人材の確保と述べられている。令和3年版情報通信白書でも、自治体におけるDXを進める上での課題として、予算の確保に次いで、情報主管課職員の確保、デジタル専門人材の確保が挙げられており、その課題解決のために「優秀な人材が民間、自治体、政府を行き来しながらキャリアを積める環境を整備する」とも述べられている。すなわち、行政内部によるICT人材/デジタル人材の確保だけでは困難な場合が多く、外部人材の活用が必須となって来ている。

　ここでは、デジタル資源の有効活用のうち、デジタル人材の確保について、外部人材の活用という観点からインタビューに基づいてまとめる。

(1)　愛媛県 20市町の人材シェア事例[10]

　愛媛県と20市町では、2021年4月に愛媛県、県内20市町が共同で、DX推進のため、県・市町DX推進協議会を設置し、"DX推進統括責任者"を配置した。2022年からは、高度デジタル人材シェアリング事業および地域住民に対するデジタルデバイド対策事業をスタートさせた。高度デジタル人材シェアリング事業は、"チーム愛媛DX推進支援センター"を設置し、"センター長"および"DX

推進専門官"（①デザイン思考・UI・UX、②システム・セキュリティ、③データ利活用、④官民共創、⑤広報・マーケティング）の計6名の高度デジタル人材を県下全20市町でシェアをするというものである。

　DX推進統括責任者およびチーム愛媛DX推進支援センターの6名はともに、IT／コンサルティング企業の公共部門など公共領域の業務経験を有する兼業・副業人材であり、現地での支援とリモートを組み合わせて業務にあたっている。DX推進専門官の業務は、20市町に関するDX計画策定など相談事項に関する助言、情報・知見提供、市町への訪問支援、DXスキル向上／DXナレッジの蓄積などに関する研修プログラム構築、研修開催、市町DX先行事例集作成などである。

　本事例は、愛媛県主導で、県庁所在地の松山市含め、全20市町が共同で高度デジタル人材をシェアするモデルであることが特徴である。県知事からのデジタル推進の指示を受け、DX推進統括責任者と市町の担当者とのディスカションを通じて、もともと愛媛県と市町では、共通する地域課題について「チーム愛媛」で解決に取り組んできた経験を有していることもあり、高度デジタル人材をシェアリングする案が発案された（図1）。

図1　「チーム愛媛」高度デジタル人材シェアリング事業

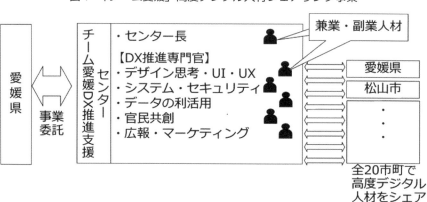

［出所］愛媛県デジタルシフト推進課提供資料をもとに筆者作成

(2) 東京都の人材シェア（デジタル人材の共同化）事例

　東京都では、2023年9月から、東京都および区市町村のDXを推進するために、東京都100％出資の一般財団法人GovTech東京（GovTech東京）が事業を開始した。日経XTECH（2023年9月12日）によると、行政サービスを担う東京都のデジタル部門「デジタルサービス局」と連携し、事業を進める。GovTech東京は、①都庁各局DX、②区市町村DX、③デジタル基盤強化・共通化、④デジタル人材確保・育成、⑤データ利活用推進、⑥官民共創・新サービス創出の6つのサービスを担う予定である。

　理事長である宮坂東京都副知事（元ヤフー株式会社代表取締役社長）は、2022年9月にGovTech東京設立を発表してから区市町村から寄せられた声として、GovTech東京webページにて、a.区市町村が最も苦労している点が、ガバメントクラウドへの基幹システムの移行であり、そこをサポートして欲しいという要望が多くあること。b.基幹システム以外も、自治体は多くのシステムを使用しており、例えば公共施設の予約システムなど自治体が共通で使えるようなシステムも、それぞれが調達しているため、共同化してほしいという要望もあること、と述べている。また、人材についても、一番貴重なリソースであるが、現在、技術者が足りず、民間企業も行政も同様に採用ができていない。区市町村それぞれで採用することは難しい状況のため、人材もシェアリングしていかなければいけないと考えているとも述べている[11]。更に、東京都とGovTech東京が2023年9月11日に開催したDXイベントで、「キーワードは『共同化』だ」「デジタルは全体最適が重要、部分最適はダメだというが、それが共同化の指す意味だ」と述べ、具体的には、システムなどの共同調達、デジタル人材の共同化を進めるとしている（日経XTECH2023）。

　デジタル人材シェア（人材の「共同化」）については、二種類の形態がある（図2）。一つ目は、GovTech東京からの区市町村へのデジタル人材の派遣で、DXについて伴走支援や技術的助言を実施するものである。従来もデジタルサービス局で伴走支援などは行ってきたが、今後はGovTech東京を技術の専門家集団とし、強化していくものである。

　二つ目は、区市町村へのデジタル人材の紹介で、2024年から開始する計画で

図2　GovTech東京のデジタル人材シェア

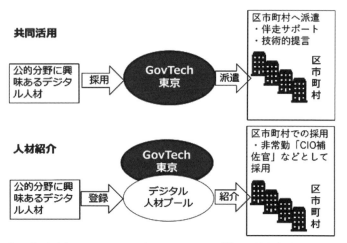

［出所］東京都デジタルサービス局webページ[12]より筆者作成

ある。GovTech東京にデジタル人材が登録する仕組みを作り、デジタル人材プールとして確保し、区市町村に紹介する。最終的には、紹介後、面談を経て、各区市町村がデジタル人材を採用することになる。GovTech東京による紹介予定の人材は二種類を予定しており、①"DX推進を牽引・サポートする特別職非常勤"向け人材と②"実務に対応する会計年度任用職員（非常勤）"向け人材である。①は"自治体や民間公共部門等でCIOやCTOなどを補佐・サポートする職に就いた経験を持つなど、公共領域に理解・造詣のある人材"、②は、"IT企業の公共部門など公共領域の業務経験者"が紹介予定の人材のターゲットである。今後、登録するデジタル人材の募集を開始する予定である[13]。

⑶　びんご圏　福山市の人材シェア事例[14]

2018年3月に福山市は、自治体では初めて、民間企業の最前線で活躍する人材を"戦略推進マネージャー"として採用した。その理由は、自前主義では人口減少などの課題に通用しなくなるという危機感の下、外部の発想を取り入れられる柔軟な対応力が必要（市長による脱自前主義の方針）と考えたためであ

る。一方で、専門性の高い人材を職員として獲得することは難しく、身分上の取り扱いは、地方公務員として任命せず、研修講師などと同様に従事日数に応じて報償費を支払うこととした。これによって、本業の繁忙期には福山市での従事を減らすなど、臨機応変に対応できると考えた（福山市企画政策課2021）。この募集は反響が大きく、1名の募集に対して、全国から395名の応募があったため、採用枠を拡大し、5名の兼業・副業人材を採用した。

　2018年以降、2021年には自治体支援の実務経験を有するCDOを採用するなど、2022年末の時点で計11名の兼業・副業人材を採用している。福山市の外部人材活用は、デジタルに限らず、観光、マーケティングなどの幅広い分野の高度専門人材を兼業・副業で採用していることが第一の特徴である。

　2021年からは、福山市に限らず、びんご圏域にこの外部人材活用の仕組みを拡大した「びんご兼業・副業人材バンク」事業を開始した（図3）。これまでに応募してもらったものの条件面等でご縁のなかった高度専門人材に登録を呼びかけ、本人材バンクには、2023年1月6日現在で、デジタル、観光、マーケティング、地方創生などの幅広い分野で計34名の高度専門人材に登録してもらっている。これにより、広島県（福山市、三原市、尾道市、府中市、神石高原町、世羅町）と岡山県（笠岡市、井原市）に県をまたぎ、高度専門人材をシェアする仕組みが構築された。その狙いは、必要に応じて、地域課題に兼業・副業の高度専門人材を迅速にマッチングすることと採用コスト削減であり、びんご圏域全体で繁栄せねば、その中心となる福山市の繁栄もない（福山市企画政策課2021）という考えからである。

　備後圏は、1964年に備後地区工業整備特別地域に指定され、ほぼ今の広域連携の形がスタートした。2014年には総務省による連携中枢都市圏構想制度がスタートし、この制度を活用して、本事業を開始している。福山市が人材バンクの運営に加えて、他市町が高度専門人材活用時にそのノウハウ、ナレッジをシェアするなどサポートをすることと、広島県、岡山県と県をまたいだ連携を実施している点が第二、第三の特徴である。

図3　びんご兼業・副業人材バンク

［出所］福山市 企画政策課提供資料より

2．地域社会のデジタル化（デジタルシステム）

　近年、不登校児童は急増しており、文部科学省（2023）によると2017年から2022年までの5年間で、144,031人から299,048人と倍以上となっている。不登校児童への支援として、従来の教育支援センターの設置などに加えて、デジタル（メタバース（仮想空間））を活用したシステムによる居場所や学びの場の提供によって地域課題の解決を図る事例が熊本市、埼玉県戸田市などで見られるようになってきた（松本2023）。引きこもりや教育支援センターへの行き渋りの児童・生徒に居場所・学びの場を、仮想空間を活用して提供するものである。

　本節では、デジタル資源の有効活用のうち、デジタルシステムについて、共通の地域課題解決という観点からインタビューに基づいてまとめる。

(1)　東京都教育委員会の不登校支援システムシェア事例

　東京都教育委員会では、区市町村の小中学校に通う不登校児童の対応として、メタバース（仮想空間）を活用した居場所、学びの場を区市町村に提供する事業を開始した。東京都がオンライン上の仮想空間（VLP：バーチャル・ラーニング・プラットフォーム）を構築し、居場所・学びの場を整備して自治体に提供するもので、2022年12月から新宿区と連携し、デモ運用を開始した。当初は、2Dであったが、2023年9月からは3Dに変更した。VLPを活用する自治体は、新宿区から8自治体（新宿区、墨田区、渋谷区、中野区、杉並区、八王子市、狛江市、多摩市）及び教育庁地域教育支援部生涯学習課所管の「学びのセーフ

ティネット」(都内4か所)に拡大している。

　対象は、不登校や教育支援センター等への参加が断続的になっている児童・生徒及び日本語指導が必要な児童・生徒である。不登校や日本語指導が必要な児童・生徒への支援等に携わる人的リソースの効率的な運用も可能となる。VLP上には、教室、学習、コミュニケーションなどの各スペースが用意されており、それらの各スペースにおいて、アバターで入室し、アバター同士での各自治体職員や友人などとコミュニケーション(会話(テキストチャット)やジェスチャーでの感情表現)や、用意された学習コンテンツを利用した学びが可能となっている[15]。

　VLPは、各自治体ごとに専用フロアが用意されている。小中学校は区立や市立の学校であるため、東京都教育委員会はあくまでもVLPを貸し出すだけで、児童・生徒に接するのは区市町村であり、VLPへの出席、学びによって出席扱いとするかどうかも含め、各自治体がそれぞれの実態に合わせて活用することになる[16](図4)。

図4　事業スキーム(事業プロモーター含む)

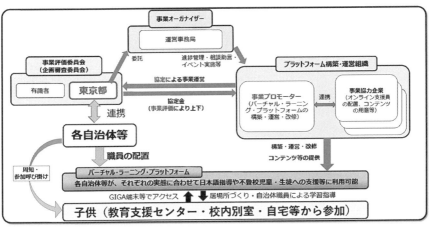

［出所］東京都教育委員会webページ[17]より

第4節　考察

　経済産業省が、2018年に『DXレポート～ITシステム「2025年の崖」の克服とDXの本格的な展開～』を発表した。そこでは、既存の老朽化・複雑化・ブラックボックス化したレガシーシステム（基幹システムが中心）の中で、必要なものについて刷新し、運用保守の負担を減らし、その部分を新たなデジタル技術の活用に振り分け、データを活用したスピーディーな方針転換とグローバル対応などの実現、新規ビジネスの創出などのDXを実現しなければ、2025年には最大で年間12兆円の損失が生じると警鐘を鳴らした。そして、そのためにはデジタル人材の育成・確保も重要であることを示した。また、SAP社のERPの標準サポート終了も2025年と重なったため、「2025年の崖」レポートでも触れられるとともに、次世代ERPであるSAP S/4 HANAへの移行がSAPコンサルタントやエンジニア不足とも重なり、民間では大きな注目を集めている（2020年にドイツSAP社は2027年への延長を発表[18]）。

　上述した自治体のシステム共同化は、自治体クラウドにおいて、パッケージソフトをベースに固有ニーズ部分はカスタマイズを加えて、複数自治体で開発、運用保守を実施するもので、基幹システムの共同化に相当する。今後は、この基幹システム部分が20業務を標準化されるガバメントクラウドに準拠した基幹システム引き継がれることになり、2025年までの移行を目標にデジタル庁が地方自治体の意見を丁寧に聞いて進めている所であり、民間企業におけるレガシーシステムの刷新と同様の位置づけとなる。

　自治体のDXのためには、基幹システムのガバメントクラウドへの移行は重要であるが、自治体システムもそれだけにとどまらず、多くのシステムが存在する。

　DXを推進するには、ガバメントクラウドを基盤として、自治体DXおよび地域社会のデジタル化、オープンデータの推進、官民データ活用推進計画策定など含めた多くの事項を検討し取り組まねばならない。そのためには、デジタル人材、ICT人材不足が叫ばれる中、産官での人材シェアは有効な打ち手となる。

1．デジタル人材シェアの形態

　自治体ではCIO補佐官／CDO／CDO補佐官などを内部で確保することは困難であり、また外部人材を東京都の宮坂副知事のように採用することも困難な自治体が多い。

　特に、規模の小さい自治体では、専任の情報システム担当を置くこともままならないと聞く。そのような自治体で、DXを進めるのは、そもそも困難である。そこで、本稿の事例が参考になる。福山市では、デジタルに限らず、観光、マーケティングなどの幅広い分野の高度専門人材を兼業・副業で採用するスキームからCDOを2021年に採用し、企業から派遣された兼業のCDO補佐官などと計4名の外部人材CDOチームを構築[19]している。一方、愛媛県は、愛媛県・市町DX推進会議の下に、兼業・副業人材の愛媛県・市町DX推進統括責任者とチーム愛媛DX推進センターを置き、チーム愛媛DX推進センターの6名の高度専門人材を各市町でシェアをする形態をとっている。これらの事例の第一のポイントは、いずれも外部人材としてIT／コンサルティング企業の公共部門など公共領域の業務経験を有する兼業・副業人材を活用している点である。いずれも、兼業・副業の負荷の割合は、一ヶ月の負荷の内、0.2-0.3で支援を受ける程度に相当する。インタビューにおいて、ある自治体から「（IT／コンサルティング企業の公共部門など）公共領域の業務経験を有する高度専門人材は貴重で、自治体が採用して職員として来てもらうことは困難なため、実質的に、全国の自治体で少しづつシェアすることが適している」とのコメントがあったが、自治体ＤＸは、多面的な対応が必要なため、チーム愛媛DX推進センターのように、それぞれ異なる専門分野を持つ高度専門人材を複数人シェアすることは優れた対応策と考えられる。

　また、一つの自治体だけの対応ではなく、本稿の事例は、いずれもその地域の中心となる自治体がリードする形態での複数の自治体によるシェアという点が第2のポイントとなる。愛媛県と東京都は、都道府県がリードする事例であり、自治体DX推進計画でも、都道府県による市区町村支援として示されている先進事例となる。ただし、支援の仕方は、地域の実情や考え方で異なり、愛媛県ではチーム愛媛DX推進センターの高度専門人材を20市町でシェアするの

に対し、東京都ではCIO補佐官については、GovTech東京が登録人材をプールし、区市町村が採用する形態を、伴走サポートや技術的支援を担う人材はGovTech東京の人材を区市町村にシェアする形態を取っている。また、びんご圏　福山市では、都道府県ではなく、びんご圏域として広域都市圏の中心である福山市が、デジタルに限らず、観光、マーケティング、地方創生などの幅広い分野で計34名の高度専門人材をシェアし、地域課題に応じて各市町が支援を受ける形態である。

２．デジタルシステムシェアの形態

　デジタル人材のシェアに加えて、自治体における多くのシステムについても複数自治体でシェアすることがシステムの構築、運用保守費用の削減、人材の効率化、それによる高付加価値業務への人材の供給などの面で有効である。

　基幹システムについては、上述したように、多くの自治体が共同でクラウドグループを作り、コストダウン等の効果を出している。今後は、ガバメントクラウドに移行することになるが、他のシステムについても、共同で利用できるサービスについては同様に複数自治体でシェアすることが望ましい。その場合に東京都教育委員会の不登校支援システムシェア事例が参考になる。本事例は、中心となる東京都（教育委員会）が、デジタル（メタバース（仮想空間））を活用したシステムであるVLPを構築し、各区市町村へ活用を呼び掛けている事例となる。VLPについては、東京都が用意し、VLPへの出席を持って学校への出席とするかどうかといった運営上のルールについては各自治体の方針に任せるという形態である。各自治体独自の実情や考え方を反映させず、システムを作り込まないこと、運営で対応することが重要である。

　民間でも、業務プロセスに大きな差がなく、競争優位を大きく左右するものではない基幹システムにおいては、例えば、上述したように、地方銀行の場合、日本アイ・ビー・エム株式会社や株式会社NTTデータグループなどの大手IT企業が支援する形で、複数の地銀で連携し、基幹システムである勘定系システムを構築、運用している。自治体の場合、細かな違いはあれど、大きな違いはない業務プロセスやサービスが多いシステムについては、東京都のVLP事例

のように、中心となる都道府県がリードする形で用意し、市区町村が地域の実情や考え方に合わせて有効活用するという進め方が望ましいのではないだろうか。

さらに、各自治体の実情をシステムに反映して作り込んでいる既存のシステムを共同化することは、各自治体間の調整が困難なことも多いが、VLPのように、新しく構築するデジタルシステムは、初期の段階から、都道府県のような地方の実情も汲める大きな単位で共同化することを前提に設計することが重要と考える。

第5節　おわりに

我が国は、少子高齢化による人口減少は確実で、厚生労働省によると2020年で12,615万人の人口は、2040年には11,284万人、2070年には9,000万人を割り込み[20]、2030年以降は全ての都道府県で人口は減少すると予想[21]されている。そのため、これまで以上に、効率的な対応が必要であり、約1,740ともいわれる自治体がバラバラな独自のシステムを構築、活用するのではなく、高度専門人材も含め、デジタル資源を出来る限り複数自治体で、それも大きなグループ単位で共同化を図るべきであると考える。その場合、都道府県単位か、中心となる市がリードする広域連携の括りが有望なのではないだろうか。本研究では、費用負担については取り上げていない。いずれの取り組みも実情に合わせた費用負担の最適化は今後の研究課題としたい。

［謝辞］
インタビュー調査にご協力頂いた愛媛県デジタルシフト推進課、東京都デジタルサービス局、GovTech東京、東京都教育庁総務部教育政策課、福山市企画政策課、デジタル推進課の皆様には心より感謝の意を表したい。

（注1）内閣府「Society5.0」https://www8.cao.go.jp/cstp/society5_0/　閲覧日：2023年11月1日。
（注2）デジタル庁「ミッション・ビジョン・バリュー」

https://www.digital.go.jp/about/organization　閲覧日：2023年11月1日。
(注3)　総務省：情報システムの標準化の対象範囲は、"基幹業務は住民基本台帳、戸籍、戸籍の附表、固定資産税、個人住民税、法人住民税、軽自動車税、印鑑登録、選挙人名簿管理、子ども・子育て支援、就学、児童手当、児童扶養手当、国民健康保険、国民年金、障害者福祉、後期高齢者医療、介護保険、生活保護、健康管理"と規定
https://www.soumu.go.jp/main_content/000737410.pdf　閲覧日：2023年11月1日。
(注4)　NTTによると、"ERPは「Enterprise Resource Planning」の略語で、日本語的に直訳すると「経営資源計画」となります。ERPの目的は、組織全体に分散している「ヒト・モノ・カネ」といった経営資源の情報を、統合的に（計画）管理することにより、業務の効率化だけでなく、経営の意思決定を迅速に行い、経営の効率化を図るための手法・概念のことを指しています。" "こうした考えを実現するための統合型（業務横断型）ソフトウェア（統合基幹業務システム）を「ERPパッケージ」や「ERPシステム」と呼びます。" "SAP社が開発し、提供するERPパッケージ製品「SAP ERP」や「SAPシステム」がERP製品の代表格として世界中の企業で利用されています。"と説明されている。
https://www.ntt.com/business/solutions/enterprise-application-management/enterprise-cloud-for-sap/lp/sap.html　閲覧日：2023年11月20日。
(注5)　株式会社サンネットへのインタビュー（2023年10月25日）。
(注6)　総務省 自治体クラウドポータルサイト
https://www.soumu.go.jp/main_sosiki/jichi_gyousei/c-gyousei/lg-cloud/
閲覧日：2023年11月1日。
(注7)　(注5) と同じ。
(注8)　DX推進計画【第2.1版】(2023) によって、"行政手続きのオンライン化"は、"自治体フロントヤード改革の推進"、"地域社会のデジタル化"は、"デジタル田園都市国家構想の実現に向けたデジタル実装の取組の推進・地域社会のデジタル化"に更新されている。https://www.soumu.go.jp/main_content/000910647.pdf　閲覧日：2023年11月1日。
(注9)　同上。
(注10)　愛媛県デジタルシフト推進課へのインタビュー（2022年12月16日、2023年2月8日、11月1日）。
(注11)　GovTech東京「「大陸」を越えた挑戦を――行政×民間でDX推進に挑む、GovTech東京の未来」　https://www.talent-book.jp/govtechtokyo/stories/52248?category=dx
閲覧日：2023年11月1日。
(注12)　GovTech東京「～2030年を見据えて"オール東京"で臨む「行政サービスの変革」～「東京DXネクストステージキックオフイベント」のイベントレポート」
https://www.govtechtokyo.or.jp/news/2023/09/15/1619/　閲覧日：2023年11月1日。
(注13)　東京都デジタルサービス局、GovTech東京へのインタビュー（2023年10月30日）。
(注14)　福山市企画政策課へのインタビュー（2023年1月6日、7月27日、11月7日）。
(注15)　東京都VLP（バーチャルラーニングプラットフォーム）事業webサイト
https://vlp.metro.tokyo.lg.jp/　閲覧日：2023年11月15日。
(注16)　東京都教育庁総務部教育政策課へのインタビュー（2023年10月10日）。
(注17)　東京都教育委員会「バーチャル・ラーニング・プラットフォーム事業に係るプラッ

（注17）トフォーム構築・運営事業者（事業プロモーター）の募集案内」
https://www.kyoiku.metro.tokyo.lg.jp/administration/contract_and_bidding/vlp2023.html 閲覧日：2023年11月15日。
（注18）例えば、伊藤忠テクノソリューション株式会社webサイト
https://ctc-insight.com/blog/8 閲覧日：2025年11月15日。
（注19）福山市デジタル推進課へのインタビュー（2023年11月17日）
（注20）厚生労働省（2023）第3回社会保障審議会年金部会 資料3
https://www.mhlw.go.jp/content/12601000/001093650.pdf 2025年11月15日。
（注21）国立社会保障・人口問題研究所（2018）「日本の地域別将来推計人口（平成30(2018)年推計）――平成27(2015)～57(2045)年――」
https://www.ipss.go.jp/pp-shicyoson/j/shicyoson18/1kouhyo/gaiyo.pdf
閲覧日：2025年11月15日。

【参考文献】
大杉覚（2023）「行政DXにおける都市自治体の対応」『季刊 個人金融』第17巻第4号、60-71頁。
日本銀行金融機構局（2009）「金融機関におけるシステム共同化の現状と課題」
https://www.boj.or.jp/research/brp/ron_2009/data/ron0906c.pdf
閲覧日：2023年11月1日
津田博・市瀬英夫（2021）「システム共同化の変遷並びに新ステージに向けて」『住民行政の窓』第496巻、13-21頁。
総務相（2023）「地方公共団体情報システム標準化基本方針https://www.digital.go.jp/assets/contents/node/basic_page/field_ref_resources/c58162cb-92e5-4a43-9ad5-095b7c45100c/f6ea9ca6/20230908_policies_local_governments_outline_03.pdf
閲覧日：2023年11月11日
総務相（2020）「デジタル社会の実現に向けた改革の基本方針」
https://www.city.shijonawate.lg.jp/uploaded/attachment/15914.pdf
閲覧日：2023年11月11日
総務相（2020）「自治体デジタル・トランスフォーメーション（DX）推進計画」
https://www.soumu.go.jp/denshijiti/index_00001.html
閲覧日：2023年11月11日。
総務省編（2019）『情報通信（ICT）白書（令和元年版）』
東京都（2020）「スマート東京実施戦略」
https://www.digitalservice.metro.tokyo.lg.jp/smarttokyo/index.html
閲覧日：2023年11月15日
総務省編（2021）『情報通信（ICT）白書（令和3年版）』
日経XTECH（2023年9月12日）「都100％出資の「GovTech東京」が始動、62区市町村とシステム共同調達など推進」https://xtech.nikkei.com/atcl/nxt/column/18/00001/08394/
閲覧日：2023年11月15日

福山市企画財政局企画政策部企画政策課（2021）「広島県福山市 兼業・副業による民間人材活用事例「福山モデル」」『自治体法務研究』第64巻、46-48頁。

松本武洋（2023）「義務教育におけるWeb会議システム、メタバースを活用した不登校児童生徒支援の現在地－熊本市、埼玉県戸田市、東京都／新宿区を事例として－」『安田学術研究論集』第52巻、31-38頁。

文部科学省（2023）「令和4年度 児童生徒の問題行動・不登校等生徒指導上の諸課題に関する調査結果について」
https://www.mext.go.jp/content/20231004-mxt_jidou01-100002753_1.pdf
閲覧日：2023年11月15日

経済産業省（2018）「Xレポート ～ITシステム「2025年の崖」克服とDXの本格的な展開～」
https://www.meti.go.jp/shingikai/mono_info_service/digital_transformation/20180907_report.html　閲覧日：2023年11月15日

第8章

パンデミックの影響と地域再生
―― 米国・ポートランド市を事例に ――

梅村　仁
（高崎商科大学短期大学部教授）

第1節　はじめに

　全世界に広まった新型コロナウイルス感染症のパンデミック（以下、パンデミック）は、医療面のみならず、社会・経済にも大きな影響を与え、世界の風景を一変させた。本稿の対象とする米国は、世界で最も感染者、死者数が多く、パンデミックの影響が甚大であった中、大幅なインフレ、ブラック・ライブズ・マター（以下、BLM）運動による都市部での混乱が起き、治安の悪化を招く結果となり、まちづくりに大きな影響を与えることとなった。

　全米住みたい街No.1にもなった米国オレゴン州のポートランド市も大きな影響を受けている都市の一つである。パンデミックは経済に深刻な打撃を与えることとなり、特に観光、小売業、飲食業などが影響を受け、これらが主要な地域経済を支えている都市では、地域全体の景気が低下するケースが多かったと言える。また、パンデミックによる社会変動がもたらす生活様式の変容は、地域コミュニティにおける社会的行為、社会的関係に大きな影響を与えることとなった（石沢2023）。

　特に、今回のパンデミックは、健康被害や経済的困窮、不便な日常生活など多くの人々を苦しめ、都市の脆弱性が明らかになったと考える。

　本稿では、米国オレゴン州のポートランド市を対象に、パンデミックの影響により、多くの人を魅了してきた都市にどのような変化が起こったのか、都市の成り立ちや取り組みを振り返りながら、今後の地域再生の展望について検討したい。

第2節　なぜ、ポートランド市なのか

1．注目の街

　2000年代に入ると、2008年のアメリカのリーマンショックや、2011年の東日本大震災など、それまでの価値観が揺さぶられる大きな出来事が起こった。人々は、健康や豊かな時間の使い方、根源的な暮らしの価値を見つめ直し、それを求める流れが世界中で見られるようになり、SDGsへの取組などもその一つだろう。日本でもパンデミックの影響でテレワークが広がる中、都市部を離れ、地方移住への関心が高まってきている。総務省によると2021年度における移住相談に関する調査結果は、パンデミックを契機として、全国的な地方移住への関心の高まりなどにより過去最多の相談件数とされる[1]。

　さて、ポートランド市は、米国で「最も住みたいまち」の一つであり[2]、「子育てに優しいまち」「サステイナブルなまち」「食のまち」などのシティランキングの常連となるなど、さまざまな視点からエコロジカルかつクリエイティブな都市として注目されてきた。特に、2010年頃から日本でも関連書籍が刊行されたり、雑誌で特集が組まれたりするなど、ポートランドブームが起きていると言っても過言ではないだろう。

　一方、この街の魅力に惹かれ、クリエイターや若者を中心に移住する人は後を絶たず、人口は増加傾向であり、そのために物価や不動産価格が上昇し、ジェントリフィケーション問題が起きていることも注視しなければならない[3]。

　そうした中で、なぜポートランド市が注目を集めるのか、改めてその魅力について考えると、一言でいえば程良い安心感のある街ではないだろうか。ニューヨークやサンフランシスコのように見るからに創造的空間とは言えないが、居心地が良くて、幸せそうな人が多いところに惹かれるものと考える[4]。

表1　ポートランド市の多様な称号

```
・全米で最も環境に優しい都市
・全米でも最も自転車通勤に適した都市
・外食目的で出かける価値のある都市
・世界一のスケートボード都市
・全米で最も出産に適した都市
・独立系映画制作に適した全米10都市の一つ
・ニューアーバニズムの先進10都市の一つ
```

[出所] 吹田 (2010)

2．ポートランド市

(1) 概要

　アメリカ西海岸のオレゴン州北西部に位置し、オレゴン州最大の都市であるポートランド市は、全米最古の広大なバラ園を持つことから、"バラの街 (City of Roses)" の愛称でも知られている。人口は約65万人（2019年米国勢調査）、コロンビア川とウィラメット川の2つの川が合流する地点に位置し、市の中心をウィラメット川が南北に流れる。日本では札幌や仙台、広島、福岡などと同程度の規模感の街である[5]。

　1840年代の開拓者たちによって街が作られはじめ、農林業で栄え、人口が増加した。西へ西へと進んで行ったアメリカの開拓史の中でも最後の土地となったのがオレゴン州であり、街の中にはゴロゴロと切り株が残る形で街の開拓は始まったとされる。そうしたことから、ここはかつて、「Stump Town（スタンプタウン）」と呼ばれていた。「スタンプ」とは、"切り株"のことを指し、開拓時代、街を築こうと木を切り倒して行った名残である。しかし、今ではその切り株が再び立派な木となり、ポートランドという街に緑の豊かさをもたらしている。現在では、ポートランド市は西海岸最大の貿易港（木材輸出など）として栄え、トヨタ・ホンダ・スバルの輸入港であり、また、日本向け米国産小麦の大半がここから輸出されている。主産業は農業と林業だったが、現在は近郊にインテルの生産・研究拠点が立地するなど、ハイテク産業やクリーンテクノロジー産業の進出もめざましく、カリフォルニアのシリコンバレーと並ぶ

オレゴンのシリコンフォレストと呼ばれている。インフラも整備され、電力コストも安いなど、ポートランド都市圏域には半導体シリコン製造のShinetsu America（信越化学）をはじめ日立、島津製作所など約150社の日系企業が事業を展開している（梅村 2021）[6]。

(2) 地域再生

　ポートランド市では、1960年から1970年代にかけて、自動車社会の形成とともに都市のスプロール化が進行し、郊外においては、無計画な開発により自然が破壊されはじめた。また、郊外と都心部を結ぶ交通手段が車やバス以外になかったことから、幹線道路で起こる慢性的な交通渋滞や市の中心市街地における交通渋滞が絶えず、中心市街地では、交通渋滞の悪化から次第に歩行者の足が遠のき、衰退への兆しが見られるようになってきた。そこで、事態を重く見た市は、これらの問題に対処すべく、1970年以降、現在まで次のような政策により問題解決に取り組んできた[7]。

①成長管理政策

　1970年代に入り、全米各地で開発と自然保護の均衡を保ちつつ都市基盤整備を進める「成長管理政策」が生まれ、市街地活性化戦略の上で注目された。1978年、ポートランド市は、「都市成長境界線（Urban Growth Boundary：UGB）」を定め、「都市化可能地域」を限定した。これは都市の「成長管理」という考え方に基づき、境界線の外側は商業施設や住宅などの開発を制限するものであり、農地や森林を保全すると同時に、都市部では機能がコンパクトに集中した効率的な生活を営めることを目的としている[8]。

②メトロ（広域行政政府）の形成

　メトロ（Metro）は、オレゴン州北部に位置するマルトノマ郡、ワシントン郡、クラカマス郡の3つの郡を管轄する1992年に設置された広域地方政府である。メトロは広域地方政府であり、日本の特別行政区に近い存在で、自治憲章を制定している。メトロの主な役割は、ポートランド都市圏域の3郡における都市成長管理、環境問題、自然保護、公共交通などの広域的な都市課題に取り組んでいる[9]。

③トライメット（公共交通機関）の設立

　トライメット（Trimet）は、ポートランド市を中心に郊外にまたがる地域で運行されている公共交通機関として、1969年に設立された[10]。トライメットでは、交通渋滞問題解決を図るため、郊外居住者の公共交通機関利用促進を目的に運賃を低く設定し[11]、現在は郊外と街中を結ぶMAX（マックス）、街中を網羅するStreet Car（ストリートカー）、路線バスなどにより構成されている。また、ポートランド市も「徒歩で暮らせるまち」を目指して、自動車からのシフトを促進するため、自転車等の利用促進策を展開している[12]。

写真1　ポートランド州立大学内で開催されるファーマーズマーケット（筆者撮影）

　これらの政策は、ポートランド市の都市形成、産業振興や住宅開発のバランスを保つ意味で、非常に大切な役割を果たしてきた。実際に、自然豊かな都市成長境界線の外では農業が盛んに行われ、農家は都市部に住む住民や企業に向けて新鮮な農産物を届けることで共存しており、街中で開催されるファーマーズマーケットはいつも大変な賑わいである。地域再生に向けた取り組みを着実に行なってきたことが街の価値を高め、多くの人々を呼び込んできたと言えよう。

第3節　街の発展と地域住民の関係

1．地域住民の高い意識

　ポートランド市は、ウィラメット川沿いに造られた製鉄所と造船所を産業の軸に工業都市として発展してきた。しかし、工業の発展により人口増加及び自動車の増加が顕著となり、汚水、大気汚染などの公害が深刻化していった。ま

た、1968年に連邦政府と州政府は、ポートランド市の真ん中を流れるウィラメット川沿いの高速道路拡張計画を表明したが、市民がそれを拒否し、大きな運動に発展し高速道路そのものを撤去してしまった。そして跡地に、市民の憩いの場として公園を設けるとともに高速道路用予算の一部を、路面電車やバスなどの公共交通機関の整備に充当することとなった[13]。こうした行動は、一般的には考えられないことであるが、ポートランドに存在する特有のスピリットが導いたと考えられる。

また、住民の地域活動への参加を促す住民発のイベントとして、シティ・リペアやブロック・パーティなどが主に住宅街にて行われている[14]。

写真2　高速道路跡の公園（筆者撮影）

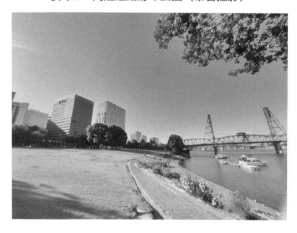

2．独特の文化

ポートランドには、市民主体のまちづくりや街全体を覆う独自の文化が発達し、「人を引き付ける」何かが存在している。近年の移住者の傾向として、サンフランシスコやロサンゼルスなどの米国西海岸の大都市エリアからが多いようである。その表れとして、郊外にインテル、ナイキの本社が立地し、街なかにはスポーツブランドメーカーのコロンビアやキーンの本社が移転して来ている。また、日本のアウトドアメーカーであるスノーピークも2020年にポートラ

ンド市内に出店している。

　ポートランドの象徴ともいえるAce Hotel（エースホテル）は、約90年前に建設された古いビルをリノベーションしたものであり、1階のロビーラウンジは、宿泊者だけでなく地域の人々に開放されたコミュニティスペースとなっており、コーヒー（STUMPTOWN COFFEE ROASTERSの店舗併設）を片手にPCを開いて仕事をする人、旅の計画を話し合う旅行者などが大きなテーブルを囲んでいる。また、公立小学校の廃校後を活用した「Kennedy School（ケネディ・スクール）」もリノベーションの代表例であり、地域コミュニティの場として多岐にわたり活用されている[15]。このように街の空間を創造し、楽しむ人々がとても多いと感じる。また、ポートランドには、カフェやマイクロブルワリー（小規模なビール醸造所）が多数出店しており、『2023全米コーヒーのまち』の第2位に選ばれてもいる。なぜ、そんなに多くの店舗があるのだろうか。ポートランドでは、大手チェーン店をほとんど見ることはない。地元のレストランで、この地域で採れた食材を使った料理を楽しみ、マイクロブルワリーでは地元のクラフトビールが人気である[16]。つまり、地元を大切にするローカルファーストの意識が強いと考える。

写真3　エースホテルのロビーラウンジ（筆者撮影）

3．ネイバーフッド・アソシエーション

　ポートランド市には、市に認められた公式な組織として、住民の自治組織である「ネイバーフッド・アソシエーション」があり[17]、年間活動予算の支援

を受けつつ、地域で何か問題が起こったときには、都市計画策定への参加、歴史的建造物の保存活動、低所得者向け住宅の開発提案などに個人単位で自主的に参加する仕組みがある[18]。なぜ、多くの方が積極的に参加しているのだろうか。それは、義務感ではなく、「コミュニティをよくしたい」「社会制度をよくしたい」「人のために役立ちたい」という社会的動機、「ネットワークをつくりたい」「学びたい」という個人的動機、それに「単純に参加して楽しいから」という回答が多いそうである[19]。つまり、「楽しい、面白い」からであろう。こうした市民参加の動機付けは、どのようにすれば根付くのだろうか、その土壌づくりに強く興味を持っている。

第4節　パンデミックと都市の変化

1. 都市は変わる

現在、米国の大都市では、パンデミック、BML、経済格差、麻薬汚染等の複雑な背景から、特にダウンタウンを中心に荒廃が進んでいる。例えば、カリフォルニア州では、最も人口流出が多い都市がロサンゼルスであり、その後シリコンバレーの代表的な都市であるサンタ・クララなどが続いている。カリフォルニア州58群のうち、39群で人口流出が起き、そのうち40％が州外に移動し、州内に留まった60％のうち、その多くが郊外地域に移動している[20]。

全米で深刻な社会問題となっているのが、小売店の万引きである。この問題は全国的なメディアや地元の報道で頻繁に取り上げられ、各都市で広く発生していると報じられている。万引き犯は、金銭や薬物依存症などの理由から盗みを働き、盗んだ商品を転売して現金や薬物を手に入れる傾向がある。その対象も小規模店から全国展開する小売店まで、さまざまな種類の店が被害に遭っており、対策として一部の小売店は営業時間の短縮や休業に踏み切っている[21]。

図1　カリフォルニア州の人口移動（2023年）

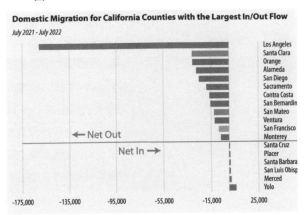

［出所］2023Silicon Valley Index

　ポートランド市による再開発の代表的なエリアの一つであるパール地区[22]にあるアウトドアショップ「REI」のポートランド拠点もその例外ではない[23]。店舗営業継続の問題として「犯罪と盗難」があると説明している。

2．米国のダウンタウンの現況

　北米のダウンタウンを対象に、トロント大学が実施したパンデミックからの回復を調査した研究を紹介する[24]。回復指標は、都市のダウンタウンの訪問者数をカウントし、2023年の3月上旬から6月中旬までの期間を、2019年の同時期と比較して数値を示している。100％を超える回復指標は、モバイルデバイスのアクティビティが2019年の比較期間と比較して増加したことを意味し、100％未満の値はその逆を意味し、市のダウンタウンが新型コロナウイルス感染症前の活動レベルに回復していないことを示している。なお、これらのグラフの回復指標は、携帯電話データのサンプルに基づいている。

　概要を述べると、100％を超える値を示している都市は、ラスベガス（103％）だけであり、調査された55都市のうち54都市がまだ回復途中となっている。そうした中、ポートランド市は、50位（61％）であり、米国内でも回復が遅れている都市の一つと言える。

下記に示した図は西海岸エリアを抜粋したものである。

図2　Downtown Recovery Rankings（Pacific）

順位	都市	割合
1	San Jose, CA	96%
2	Bakersfield, CA	95%
3	Los Angeles, CA	83%
4	San Diego, CA	80%
5	Honolulu, HI	76%
6	Oakland, CA	74%
7	Fresno, CA	72%
8	San Francisco, CA	67%
9	Sacramento, CA	66%
10	Portland, OR	61%
11	Seattle, WA	57%

［出所］トロント大学

　ポートランド市は、これまで西海岸エリアからの人々の人気の移住先であり、多い時には毎週400名を超える人口流入があり[25]、パンデミック中にも関わらず、ポートランド市の人口は、2010年583,776人から2020年652,503人に増加し、ボストン（675,600人）に次ぐ、全米24番目の都市となっている。なお、居住１年未満の比率は2010年、2020年ともに９％であり、常に人の流入があることが伺える[26]。

３．荒廃するダウンタウン

　ポートランド市はかつて全米で治安がよく、住みたい都市の上位にランキングしていたが、パンデミックやドラッグの流行、BML運動などの要因により、特にダウンタウンのオールドタウンや川沿いでホームレスが急増し、歩道には多くのテントが張られ、街の様相が急激に変わっている。全米の大都市に共通する課題かもしれないが、路上でドラッグ中毒者が倒れている光景も珍しくはない[27]。

　また、池田（2018）は、ホームレスが増加している理由として、①温暖な気候による路上生活の過ごしやすさ、②ポートランド市のホームレスの手厚い保護、③ポートランド市域外からの移住を指摘している。なお、Portland Bureau of Planning and Sustainability（ポートランド市計画局）のレポートによると、

2019年から2022年にホームレスは30％増加したと指摘している[28]。

　パンデミックの状況について、ニューズウイーク日本版では「この２年間は、特にダウンタウン地域にとって非常に困難な時期でした。黒人青年の殺害を発端に、平和的な抗議活動から暴徒化へと発展。商品の略奪、窓ガラスの破損や放火だけでなく、騒動の影響で買い物客がダウンタウンを離れてしまうなど誰が想像していたでしょう。加えて、急激な勢いで人数が増加しているホームレス問題。その中には、薬物や精神的な問題を抱えた人たちも多くいます。」[29]と述べられているように、これまでのポートランド市の街のイメージとはかけ離れた出来事が全米ネットのニュースに配信され、ダウンタウンのほぼ全てのビジネスが停止する事態に発展し、現在でもオフィスに戻りたがらない人が多いという現実がある。

　ポートランド市近郊に在住する方々へのインタビューでは、「パンデミック以降怖くて３年以上ダウンタウンには行っていない、ダウンタウンの魅力的な店が閉店してしまっている、今更わざわざ赴く場所ではなく郊外のモールで十分」などネガティブな返答が多かった[30]。

　一方で、パール地区周辺エリアではマンションの建設ラッシュとなっている[31]。ただし、ファミリー層を見かけることは稀であり、住宅供給過多のように思うところである[32]。

写真４　歩道に乱立するテント（筆者撮影）

第5節　今後の展望と期待

1．ポートランド市の魅力

これまでポートランドの都市としての魅力と変化を語ってきた。ポートランド市は、1970年代から地域再生に取り組み2010年頃から、誰もが注目する街となった。

ポートランド市の現状は、厳しいながらもその雰囲気は残っており、今でもこの雰囲気に魅了されて人は在住し続け､かつ移住してくるのであろう。一方、書籍や雑誌で紹介された有名店の多くが撤退・閉店しているのも事実である。

ダウンタウンの賑わいは、パンデミックの頃よりは戻りつつあるとはいえ、以前の様相を期待するには、ポートランド市におけるその道のりは険しく、時間を要するであろう(33)。

写真５　地元のフリーペーパー（2022年12月発行）

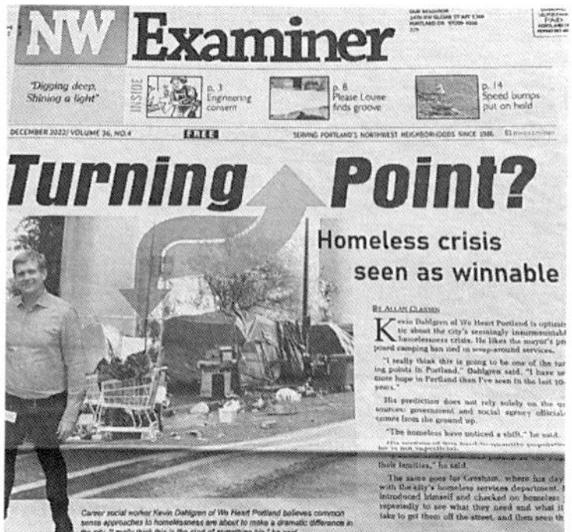
NW Examiner

"Digging deep, Shining a light"

INSIDE p. 3 Engineering consent / p. 8 Please Louise finds groove / p. 14 Speed bumps put on hold

DECEMBER 2022/ VOLUME 36, NO.4 FREE SERVING PORTLAND'S NORTHWEST NEIGHBORHOODS SINCE 1986

Turning Point?

Homeless crisis seen as winnable

By Allan Classen

Career social worker Kevin Dahlgren of We Heart Portland believes common sense approaches to homelessness are about to make a dramatic difference in the city. "I really think this is the start of something big," he said.

改めて、ポートランドの魅力を再考してみたい。まず、ポートランドらしさは健在している。ポートランドらしさとは何か。ポートランドは、「Keep Portland Weird（風変わりな街でいよう）」をスローガンに掲げる、ちょっと変な街である。「そのままでいいよ」と個性を認め合うこの街では、既成概念に囚われない自由な発想で、多様な働き方が育まれてきた（東2022）。こうした雰囲気を好む人たちが今なお、サンフランシスコやシリコンバレーなどから

移住してきている。

　次に、ウォーカブルな都市としてのポテンシャルは極めて高いままである。街は歩行者や自転車にとって快適な環境が整備され、街なかのストリートでは、店舗前の座席や道路スペースが工夫され、野外の席は多くの人でにぎわっている。ポートランドはアメリカの都市の中でも、車なしで生活できる珍しい場所の一つと言える。公共交通機関が充実しており、市内にはバスやストリートカーによる交通網が広がり、郊外へマックスがつながっているなど、公共交通機関の高い利便性は街の誇りでもある[34]。

　また、強い仲間意識も特徴である。ポートランドの代表的な産業として、クラフト・ビール製造がある。新たにビールメーカーを設立する場合、ビールの仲間同士でアドバイスをし、協業していくことがとても強く意識されている。邪魔をするのでなく、チャレンジと共存がスタイルなのであろう[35]。

　ポートランドには、上述してきたようにイノベーティブな空気感、充実した公共交通、高い市民力、エコな環境などを基盤として、ローカルを軸とした地域活性化がこれまでの街の経験から根付いていることが強い基盤となっている。

　本当に大切なものは何か、自分らしく暮らせる場所とは何かを常に考え、多くの市民が自分たちの暮らしや街づくりに関する対話と協働により、相互理解と寛容性、多様性が高まり、大きなうねりとなってこのような街を作ってきたのだろう[36]。また、こうした街の空気感に惹かれ、クリエイターや起業家たちも集まり、さらに魅力的なまちづくりに繋がっているのである。人がまちをつくり、まちが人を育て、支え合う、こうした環境がパンデミックを超えてポートランドには存在している。パンデミックからの地域再生は、長きにわたる可能性が高いが、きっとこれまで乗り越えてきたまちづくりにおける多様な手法、多彩なカタチで新たな魅力あふれるポートランド市になることを期待している。今こそ街のターニング・ポイントなのかもしれない。

[付記]
本稿の作成にあたり、在外研究中にご教示をいただいたポートランド州立大学ハットフィールド行政大学院西芝雅美教授、有益な情報をご提供いただいたポートランド市役所Kevin Johnson氏にお礼申し上げる。本研究は、大阪経済大学の海外出張制度並びに中小企業・経

営研究所特別研究費の研究成果の一部である。

（注1）総務省『令和3年度における移住相談に関する調査結果』によると、相談件数増加の主な理由は、①都市部の若い世代を中心とした地方回帰の動きが強まったことにより相談件数が増加②働く場所を選ばないテレワークの普及等、人々の地方への関心の高まりにより相談件数が増加③オンラインでの相談が浸透したことにより、より気軽に相談が行えるようになったため、これまで相談が多くなかった地域や年齢層からの相談が増加となっている。https://www.soumu.go.jp/menu_news/s-news/01gyosei08_02000244.html （2023年11月アクセス）

（注2）『America's best places to live in 2022（全米1住みたい街ランキング2022』によれば、ポートランドは22位。住みやすさの評価の基準は、値段の手頃さ（affordability）雇用市場（Job market）教育（Education）安全さ（Safety）満足度（Wellness）から考えられたランキングとされる。

（注3）ジェントリフィケーションとは、都市の富裕化現象とされ、例えば、古くからの居住者が家賃高騰のため住めなくなること。ポートランドのジェントリフィケーションについては、畢滔滔（2020）を参照されたい。

（注4）2023年9月23日、日本地方自治研究学会第40回全国大会での筆者の研究報告『コロナ危機後の地域再生——ポートランド市を事例として』に基づく。

（注5）ポートランド市はウィラメット川がWESTとEASTの境界で、バーンサイド通りBurnside St. がNORTHとSOUTHの境界。ノース（N）、ノースイースト（NE）、サウスイースト（SE）、サウス（S）、サウスウエスト（SW）、ノースウエスト（NW）の6地区に分けられる。

（注6）日系企業のコミュニティ組織として、ポートランド日本人商工会があり、親睦を図るための多彩な交流事業だけでなく、日本人学校も運営している。

（注7）2022年9月6日、Prosper Portland（ポートランド市開発局）へのインタビューに基づく及び自治体国際化協会（2001）を参照。

（注8）UGBの現況として、旺盛な宅地開発の状況と人口増により、未開発エリアであるUGB外の都市化保留地域への拡張を容認せざるを得ない状況となっており、都市の成長管理が次第に緩和されつつある。2023年7月11日のProsper Portland（ポートランド市開発局）へのインタビューに基づく。

（注9）メトロについては、佐藤（2014）を参照されたい。

（注10）トライメットについては、川勝（2016）を参照されたい。

（注11）オレゴン州ポートランド市のダウンタウンを南北に結ぶストリートカーは、2001年7月に開業し、公共交通の利用促進のため、路線の約7割をフリーゾーン（無料）として設定した。その後、更なる路線拡大のため、2012年8月末にてフリーゾーンを廃止。

（注12）ポートランド市内には、全長約530キロをカバーする自転車専用レーン網が整備されるほか、自転車のレンタルやシェアサービスが充実している。また、サイクリングコースの紹介やイベントなども開催されている。詳しくは、『Travel Portland』を参照されたい。（https://www.travelportland.com/ja/biking-portland/　2023年11月アクセス）

(注13) 畢滔滔（2017）を参照。
(注14) 宮副・内海（2017）を参照。シティ・リペアは、車専用になった道路をコミュニティーに取り戻そうとするプロジェクト。ブロック・パーティは、ストリートの交通を遮断して、住民交流を目的とした会場にしてしまうこと。
(注15) 小学校の広い敷地・建物を活かして、クラフトビールバーや中庭に面したレストランのほかに、教室を改修して客室にしたホテル、講堂を利用した映画館、小さなプールなどがあり、地域住民にも開放されている。2022年11月2日、Mcmenamins Keneedy Schoolでのフィールドワークに基づく。
(注16) Heying（2010）によれば、ポートランド市におけるローカルクラフトビールの消費量は全米一といわれている。
(注17) ポートランド市のネイバーフッド・アソシエーションについては、山崎（2016）を参照されたい。
(注18) ポートランド市には94のエリアごとにNAがあり、各NAは7つのNA地域連合（Coalition）のいずれかに所属し、ポートランド市の各部局とNAとの懸け橋になっている。Office of Community and Civic Life（ポートランド市コミュニティ・市民生活局）（https://www.portland.gov/civic　2023年11月アクセス）
(注19) 2023年6月8日、Portland Bureau of Planning and Sustainability（ポートランド市計画局）へのインタビューに基づく。
(注20) 『2023 Silicon Valley Index』を参照。（https://jointventure.org/download-the-2023-index　2023年11月アクセス）
(注21) 『Forbs Japan』「全米で万引きが深刻化」2023年4月18日。（https://forbesjapan.com/articles/detail/62502、2023年11月10日アクセス）
(注22) パール地区は、ダウンタウンから北へ2キロ程度離れたポートランド北西部、工業エリアから住居・オフィス・商業エリアにリノベーションし、ポートランド市を代表する人気エリアである。
(注23) 『Natural News』2023年4月19日を参照。（https://www.naturalnews.com/2023-04-19-rei-closes-sole-store-portland-rampant-theft.html　2023年11月アクセス）
REIは、セキュリティを強化したが、「ここ20年間で最も多い侵入と盗難の件数」であると説明し、ポートランド市郊外の店舗は営業活動を続けるとしている。
(注24) University of Toronto『Death of Downtown』を参照。
（https://downtownrecovery.com/charts/rankings　2023年11月アクセス）
(注25) 2023年6月8日、Portland Bureau of Planning and Sustainability（ポートランド市計画局）へのインタビューに基づく。
(注26) 『City of Portland Profile』を参照。なお、貧困率は全米11.6％、オレゴン州12.4％、ポートランド市13％となっており、若干高い傾向にある。また、ポートランド市の賃借人の11％は、深刻な家賃負担（収入の半分が住居費に充てられている）になっている。
（https://www.portland.gov/sites/default/files/2022/portlandcity_profile.pdf、2023年11月1日アクセス）
(注27) 米国のホームレスになる原因は、一般的には「精神障害」「アルコール依存症」「失業」「薬物乱用」とされているが、パンデミック以降「家賃の高騰」「薬物乱用」の影響が高

いようである。2023年7月11日、Prosper Portland（ポートランド市開発局）へのインタビューに基づく。
（注28）Portland Bureau of Planning and Sustainability（ポートランド市計画局）『2023 HNA DRAFT Executive Summary』（https://efiles.portlandoregon.gov/record/16251546　2023年11月アクセス）
（注29）『ニューズウイーク日本版』「最新ポートランド・オレゴン通信─現地が語るSDGsと多様性」2021年12月11日を参照。（https://www.newsweekjapan.jp/worldvoice/yamamoto/2021/12/post-15_2.php　2023年11月アクセス）
（注30）筆者が2022年9月1日から1年間、在外研究（ポートランド州立大学）のため滞在したフィールドノートに基づく。
（注31）『NW　Examiner』Vol.36, No.9 2023年3月を参照。
（注32）ポートランド市郊外のヒルズボロ市には、日本の一条工務店が一戸建て住宅（少し小さめのジャパンサイズ）を販売し、ファミリー層には大変人気のようである。
（注33）Glaeser（2022）は、都市の回復力について、パンデミックよりも、それによる経済的・政治的な混乱の影響が大きいと指摘している。
（注34）公共交通の課題として、ホームレスの無賃乗車問題があったが、マックスやストリートカーにおける対策が強化されたのは2023年3月頃からである。筆者のフィールドノートに基づく。
（注35）2022年11月2日、ポートランド市のクラフトビールメーカー『Culmination Brewing』でのインタビューに基づく。
（注36）川勝（2020）を参照。

【参考文献】
池田千恵子（2018）「ポートランド市パール地区における再生と社会的構成の変化」『都市地理学』13巻、48-62頁。
石沢真貴（2023）「新型コロナウィルス感染症パンデミックによる地域コミュニティへの影響──秋田市における地域サロン活動を事例に──」『秋田大学教育文化学部研究紀要　人文科学・社会科学部門 78』、9-17頁。
梅村仁編（2021）『実践から学ぶ地域活性化──多様な手法と多彩なカタチ』同友館
川勝健志（2016）「アメリカの新連邦公共交通補助制度と持続可能な都市交通経営」『京都府立大学学術報告（公共政策）』第8号
川勝健志編（2020）『人がまちを育てる　ポートランドと日本の地域』公人の友社
佐藤克廣（2014）「アメリカ合衆国の広域地方政府──オレゴン州メトロの組織と機能──」『自治総研』第343号
自治体国際化協会（2001）「米国における中心市街地再開発の現状」『CLAIR REPORT』No.219
白石克孝・西芝雅美・村田和代（2021）『大学が地域の課題を解決する　ポートランド州立大学のコミュニティ・ベースド・ラーニングに学ぶ』ひつじ書房
吹田良平（2010）『GREEN Neighborhood』織研新聞社
吹田良平（2022）『GREEN Neighborhoodポートランドに見るアルチザンエコノミーという

新しい資本主義のかたち』織研新聞社
畢滔滔（2017）『なんの変哲もない 取り立てて魅力もない地方都市 それがポートランドだった「みんなが住みたい町」をつくった市民の選択』白桃書房
畢滔滔（2020）「オレゴン州ポートランド市のジェントリフィケーション」『立正経営論集』52(2)、1-16頁。
東リカ（2022）『好きなことして、いい顔で生きていく 風変わりな街ポートランドで、自分らしさを貫く15の物語』イカロス出版
保坂展人（2018）『＜暮らしやすさ＞の都市戦略――ポートランドと世田谷をつなぐ――』岩波書店
宮副謙司・内海里香（2017）『米国ポートランドの地域活性化戦略 日本の先をいく生活スタイルとその充実』同友館
山崎満広（2016）『ポートランド 世界で一番住みたい街をつくる』学芸出版社
Glaeser, E（2022）「Urban resilience」UrbanStudies, Vol.59(1) pp.3–35.
Heying, C（2010）Brew to Bikes: Portland's Artisan Economy, Portland, OR: Ooligan Press.

第9章

第3次国土形成計画、デジタル田園都市国家構想とこれからの地域ガバナンス

―― ソーシャル・キャピタル、サードプレイス、ナッジ理論の観点から ――

黒木　誉之
（長崎県立大学地域創造学部教授）

第1節　はじめに

　2020年1月、日本で初めての新型コロナ感染者が発生した。それ以降、2023年4月30日現在で、陽性患者数が33,700,152人、死亡者数が75,543人と発表されている[1]。その過程で、政府が国民に不要不急の外出自粛等を求める緊急事態宣言が、合計4回発出された[2]。感染防止対策として密閉・密集・密接を避けるための「3密回避」や「新しい生活様式（ニューノーマル）」の普及・定着が強く求められていた。その後、感染者数も落ち着きをみせ始め、新型コロナウイルス感染症の感染症法上の位置づけも2023年5月8日に2類相当（規程される疾病名：結核・SARS等）から5類相当（規程される疾病名：インフルエンザ等）へと移行した[3]。

　このような経験を経て、2023年7月、第3次国土形成計画（以下「国土形成計画」という。）が閣議決定された[4]。新たな国土の将来ビジョンが示されているが、その背景として、我が国が直面するリスクと構造的な変化が指摘されている[5]。第1に、地域の持続性、安全・安心を脅かすリスクの高まりである。具体的には、①未曾有の人口減少、少子高齢化がもたらす地方の危機、②巨大災害リスクの切迫、③気候危機の深刻化と生物多様性の損失が挙げられている。第2に、コロナ禍を経た暮らし方・働き方の変化である。具体的には、①テレワークの進展による転職なき移住等の場所に縛られない暮らし方・働き方、②

新たな地方・田園回帰の動き、地方での暮らしの魅力が挙げられている。第3に、激動する世界の中での日本の立ち位置の変化である。具体的には、①DX、GXなど激化する国際競争の中での競争力の低下、②エネルギー食料の海外依存リスクの高まり、③東アジア情勢など安全保障上の課題の深刻化が挙げられている。

　この国土形成計画を、地域ガバナンスの観点から再考したとき注目したいのが、第2のコロナ禍を経た暮らし方・働き方の変化である[6]。コロナ禍の中で国民は、①デジタル利用の増加と進展に伴うテレワーク等により転職なき移住等の場所に縛られない暮らし方・働き方を見出すようになった。そして、②若者世代を含めた地方への移住希望者の増加から新たな地方・田園回帰につながる意識変化がみられ、地方に対する関心の高まりが関係人口拡大につながるものと期待され、厳しい状況の中でも小さな希望を見出している。

　そして、「新時代に地域力をつなぐ国土～列島を支える新たな地域マネジメントの構築～」を目指す国土の姿とし、そのための基本的方向性として、①デジタルとリアルの融合による活力ある国土づくり、②巨大災害、気候危機、緊迫化する国際情勢に対応する安全・安心な国土づくり、③世界に誇る美しい自然と多彩な文化を育む個性豊かな国土づくりを示している[7]。

　ここで、同様に地域ガバナンスの観点から再考したとき注目したいのが、①のデジタルとリアルの融合による活力ある国土づくりである。デジタルを手段として徹底活用しリアルの地域空間の質的向上を図ること、そして個人と社会全体のWell-Beingの向上を図ることを目指している[8]。このためには、デジタル活用のみで課題を解決できるものではなく、「基本となるのは、地域への誇りと愛着に基づく当事者意識に根差した、地域の多様な主体による地域づくりへの参加と連携である」[9]。そして「住民を始めとする地域を支える人材が主役となって、その主体的・内発的な地域づくりを通じて、地域価値が掘り起こされ、更に向上していくエコシステムをボトムアップから構築することにより、持続可能で活力ある国土づくりを目指す」[10]としている。これは別言すれば、リアルである地域コミュニティにおける「ソーシャル・キャピタル」が基盤であることを示唆している。その上で、デジタルとリアルが融合するこ

とにより、「デジタル田園都市国家構想」を体現することに繋がっていくのである[11]。

　しかし、このソーシャル・キャピタルの醸成については、国土形成計画（全国計画）では言及されていない。そこで第1に、近年、注目されているソーシャル・キャピタルの概念について概観するとともに、先行研究を考察する。第2に、ソーシャル・キャピタルの孵化器、インキュベーターとして期待されるサードプレイスの概念について概観するとともに、先行研究を考察する。第3に、少子高齢化、人口減少が加速度的に進み地域コミュニティの維持が困難になってきた現状に鑑み提唱されたデジタル田園都市国家構想について確認する。第4に、このデジタル田園都市国家構想をサードプレイスの観点から考究し、新しい鍵概念としてのナッジ理論を探知する。そして第5に、これからの地域ガバナンスの姿を展望してみたい。

第2節　ソーシャル・キャピタルと先行研究

1．ソーシャル・キャピタルという概念

　地域の絆のことを、近年では「ソーシャル・キャピタル」と表現されることが多い。「ソーシャル・キャピタル」という言葉は、ロバート・D・パットナムの『哲学する民主主義』（パットナム著・河田訳［2001］）や『孤独なボウリング』（パットナム著・柴内訳［2006］）により注目されるようになった。パットナムは、ソーシャル・キャピタルを「調整された諸活動を活発にすることによって社会の効率性を改善できる、信頼、規範、ネットワークといった社会組織の特徴」[12]、あるいは「社会関係資本が指し示しているのは個人間のつながり、すなわち社会的ネットワーク、およびそこから生じる互酬性と信頼の規範である」[13]と定義している。その要素としては、①信頼（人々が他人に対して抱く信頼感）、②互酬性の規範（お互い様、持ちつ持たれつ）、③ネットワーク（人や組織の間の絆）の3つが必要だとされている[14]。

　このソーシャル・キャピタルを地域コミュニティとの関係で整理すれば、自然や住宅及び道路等のインフラも含めた町並みなどの「地域資本」、そこに住

む人々である「人的資本」があり、3番目の資本「社会関係資本」として位置づけられる。この3つの資本関係を分析すると、まず山林や農地は地域資本と言える。この山林や農地には貯水等により災害を防ぎ、生き物を育み、美しい風景として人の心を和ませるなどの多面的機能がある。この機能は、人的資本である人の手が加わってこそ維持されるのであるが、機械化が進む以前の林業や農業においては、互助的な地域組織、つまり社会資本であるソーシャル・キャピタルによって営まれていた。

このソーシャル・キャピタルは、第1に、水平的ネットワークとして、①学校のサークル・同窓会など同質な者同士が結びつく社会関係資本とされる「結束型（bonding）」と、②NPOのネットワークなど異質な者同士を結びつける社会関係資本とされる「橋渡し型（bridging 1）」に分類される[15]。第2に、垂直的ネットワークとして、③ボランティア団体が活動資金を公的関係から獲得する関係や、それをサポートする中間支援組織など、権力や社会的地位といった社会階層が異なる個人や団体などを結びつける社会関係資本とされる「連結型（linking）」があるとされている[16]。

では、現代社会において、このソーシャル・キャピタルはどのようにして醸成されるのであろうか。次の「第2節2」において、先行研究をレビューし明らかにしていきたい。

2．先行研究－ソーシャル・キャピタル－

神戸市（2011）では[17]、阪神・淡路談震災の教訓として、「協働と参画のまちづくり」をすすめ、そのためには「ソーシャル・キャピタル」を豊かにすることが重要であると考えた。そして、市民、事業者、大学など多様な関係者の協働と参画のもと分析・研究してきた成果を報告書として取りまとめた。それを市民の実践レベルに落とし込むためパンフレット「あいさつしたら安全・安心なまちになる！？」を作成した。そこでは、地域タイプを①小規模コミュニティ型、②オールドタウン型、③新興ニュータウン型、④マンションタウン型、⑤インナーシティ型に分類し特徴を分析した上で、効果的な取組として①多様な住民参加、②イベント活用、③自律力確保、④興味愛着喚起、⑤あいさつな

どを地域タイプ毎に組合せ推奨している。

　田中・梅崎（2013）では[18]、神楽坂地域の喫茶店を事例に、地域におけるソーシャル・キャピタルは地域の喫茶店という場で蓄積されていることを考察している。その過程で、喫茶店には、①喫茶サービスに特化した「喫茶店タイプ」、②大規模チェーン店に多い、顧客がコーヒーを運ぶ「セルフタイプ」、③喫茶以外の目的を持つ「多目的カフェ」があると分析している。そして、「多目的カフェ」は地元以外の観光客が多いが、「喫茶店タイプ」と「セルフタイプ」は常連客が多いこと、このため、前者は、１人客が集まり、交流しながらソーシャル・キャピタルを「構築する場」であるのに対して、後者は、知り合いがその関係を「強化する場」であると整理している。

　黒木（2020）では[19]、2016年４月に発災した熊本地震の震源地となった益城町津森地区を事例として、被災地でのソーシャル・キャピタル醸成について考察している。その結果、①平時におけるソーシャル・キャピタルの醸成が災害時のソーシャル・キャピタル醸成の背景となっていること、②ソーシャル・キャピタルは、結束型、橋渡し型、連結型と固定的に整理できるものではなく動態的な概念であること、③災害時のサードプレイスが新たなソーシャル・キャピタル醸成に効果的であったこと、④サードプレイスは、ソーシャル・キャピタルを橋渡し型から結束型へと変容せしめ、連結型の機能も発揮させ得る場でもあると論じている。そして最後に⑤これからの地域社会においては、「サードプレイス」がソーシャル・キャピタル醸成のための新たな鍵概念として期待されると結論づけている。

　以上から、ソーシャル・キャピタルの要素が①信頼、②互酬性の規範、③ネットワークであることからしても、その醸成のためにはまず人と人との出会いの「場」が不可欠であることが理解できる。それは、神戸市が推奨する取組の一つ「あいさつ」にしても同様である。この「場」として近年、注目されるのが、黒木（2020）が指摘するサードプレイスである。田中・梅崎（2013）は、サードプレイスという用語は使用していないが、喫茶店はサードプレイスの代表的な例の一つでもある。

　そこで次の第３節において、ソーシャル・キャピタルの孵化器、インキュベ

ーターとして期待されるサードプレイスの概念について概観するとともに、先行研究を考察する。

第3節　サードプレイスと先行研究

1．サードプレイスという概念

「サードプレイス」という言葉は、レイ・オルデンバーグの『サードプレイス』（オルデンバーグ著・忠平美幸訳［2013］）により注目されるようになった。オルデンバーグは、サードプレイスを「インフォーマルな公共生活の中核的環境」[20]の意味で使用する語句とし、「家庭と仕事の領域を超えた個々人の、定期的で自発的でインフォーマルな、お楽しみの集いのために場を提供する、さまざまな公共の場所の総称」[21]と定義する。3つの場所の比較から言えば、第1の場所が家庭、第2の場所が職場（報酬をともなうか生産的な場）、そして第3の場所が「広く社交的な、コミュニティの意義を提供するとともにそのコミュニティを謳歌する場」[22]と整理しており、この言葉からも、サードプレイスがソーシャル・キャピタル醸成の場であることを示唆している。さらにオルデンバーグは、自己啓発は個人主義と個人の自由という限界があると指摘する[23]。そして、市民がそれを悟れば、「公共空間や公共生活について、まったく新しい期待が再浮上するだろう『私的市民(プライヴェート・シチズン)』——いかにもアメリカらしい名辞矛盾——の時代が、公共に関心がある個人、または公共心に富む個人にとって代わられるだろう。わたしたちの希望はその人とととともにある」[24]と訴えている。まさにこれは、サードプレイスにおいて醸成されたソーシャル・キャピタルを担う自治的市民の誕生を期待していると言える。

では、このサードプレイスはどのようにして形成されるのであろうか。次の第3節2において、先行研究をレビューし明らかにしていきたい。

2．先行研究－サードプレイス－

山田・小林（2016）では[25]、サードプレイスは、日常生活で関りを持たない者との出会いや対話の機会を人々に提供し、それゆえに断片化した地域社会

を統合し公共意識を養う機能を持つものとして考えている。しかし、社会には交流を好む人ばかりが存在するわけではない。自分の時間を過ごすために公共空間を利用したい個人志向型の人たちもいる。そこで、交流を好む社会志向型の人たちに専用されがちなサードプレイスを、個人志向型の人たちと共存できるスペースに形成するメカニズムを研究している。その成果として、物理的要因に起因した居心地の良さを提供することと、2つの志向間のコミュニケーションを促進することが有効であると論じている。

片岡・石山（2016）では[26]、サードプレイスを創設したものの、地域に定着しないまま消滅する事例も散見される現状を捉え、地域で継続的なサードプレイスとして存在するための要素、およびその効果について考察している。先行研究のレビューを踏まえ、サードプレイスは①マイプレイス型と②交流型に区分され、さらに交流型は社交的な交流を目的とする②-A：社交的交流型と、社交以外の何らかの明確な目的がある②-B：目的交流型に分類できるとしている。そして、事例研究を踏まえた結果、地域のサードプレイスが効果を発揮するためには、社会的、個人的背景からニーズを察知し発展の段階と目的に合わせ適切に設計し、地域のステークホルダーに働きかけ連携する必要があると結論づけている。

石山編（2019）では[27]、サードプレイスと関係人口の視点から、全国8つの事例が紹介されている。ここで目的交流型サードプレイスとは、「地域のNPO、こども食堂、コミュニティカフェなど、何らかの地域活動としての目的が存在し、自発的に人々が集まる場」[28]と定義する。そして、「これは、オルデンバーグの指摘した社交が中心のサードプレイスをさらに発展させた、進化形のサードプレイス」[29]と位置づけている。その上で、「①目的VS②癒やし、憩い」の軸と「③義務的VS④自発的」の軸による4象限の概念図を提起する。②④象限には社交流型とマイプレイス型を、①④象限には目的交流型（地域のサードプレイス）を、①③象限には義務的共同体（地縁コミュニティ）を分類している。そして、新しい選択肢とされる目的交流型（地域のサードプレイス）は、地域との関わり方3種類（居住地域、ふるさと、ファンの地域）のいずれにも機能し、特に関係人口の創出が期待されると論じている。

石山（2021）では[30]、現代のサードプレイスの概念は拡張しているとし、その背景と多様性を整理したうえで、拡張された概念のサードプレイスが、サービス供給主体としてはどのような可能性と課題を有するのかについて論じている。先行研究のレビューを踏まえ、①「伝統的サードプレイス」と対比して、②拡張されたサードプレイス概念を②-A「演出された商業的サードプレイス」、②-B「テーマ型サードプレイス」、②-C「バーチャルサードプレイス」の3類型に分類している。そして、拡張されたサードプレイスの範囲を社会関係資本（ソーシャル・キャピタル）の創出という効果を有する場合に限定し事例調査を行っている。その結果、拡張されたサードプレイスは、「伝統的」「テーマ型」「バーチャル」の特徴をあわせ持っていることを明らかにしている。

　以上から、現代の地域社会においてソーシャル・キャピタルを醸成するために期待されるサードプレイスの要素として、次のとおり整理される。①物理的要因に起因した居心地の良さを提供するとともに、個人志向と社会志向の2つの志向間のコミュニケーションを促進するサードプレイスであること。②サードプレイスには様々なタイプがあるが、社会的、個人的背景からニーズを察知し発展の段階と目的に合わせ適切に設計し、地域のステークホルダーに働きかけ連携する必要があること。③新しい選択肢とされる目的交流型（地域のサードプレイス）は、地域との関わり方3種類（居住地域、ふるさと、ファンの地域）のいずれにも機能し、ソーシャル・キャピタルの一翼を担う関係人口の創出が期待されること。④目的交流型（地域のサードプレイス）のサードプレイスが期待されるにしても、よりソーシャル・キャピタルを醸成させるには「伝統的」「テーマ型」「バーチャル」の特徴をあわせ持たせること。

　一方、国土形成計画で指摘されるように、未曾有の人口減少、少子高齢化により地方は危機的状況に直面している。このため、目的交流型サードプレイスの構築によりソーシャル・キャピタルを醸成することを理論的に唱えても、現実にはソーシャル・キャピタルの担い手が減少し、少なくともリアルな交流が難しくなっている現状にある。そこで期待されるのが、冒頭で言及した、デジタルの徹底活用によるリアルの地域空間の質的向上であり、デジタル田園都市国家構想である。

そこで、次の第4節において、このデジタル田園都市国家構想を確認する。

第4節　デジタル田園都市国家構想

1．デジタル田園都市国家構想の意義

2022年6月7日、「デジタル田園都市国家構想基本方針」が閣議決定され[31]、同年12月23日、「デジタル田園都市国家構想総合戦略」[32]が閣議決定された。

デジタル田園都市国家構想とは、「デジタル技術の活用によって、地域の個性を活かしながら地方の社会課題の解決、魅力向上のブレークスルーを実現し、地方活性化を加速する」[33]ことを意義とする。この構想が求められた背景として、地方には人口減少や少子高齢化、産業空洞化などの課題がある。そこへ、新型コロナウイルス感染症（以下「感染症」という。）の拡大により、観光業などの地方経済を支える産業が大きな被害を受けるとともに、地域の絆の衰退による地域コミュニティの弱体化が加速化し、地方の経済・社会は大きな打撃を受けている[34]。他方、感染症が長期にわたったことで、地方への移住に対する関心の高まりや、テレワークなど新たな働き方の動きが活発になったことなど、国民の意識・行動に変化が生じた[35]。このことから、デジタルは地方の抱える社会課題を解決するための鍵であり、新しい付加価値を生み出す源泉でもあるという認識から、デジタルインフラを急速に整備し、官民双方で地方におけるDXを積極的に推進していくこととなったのである[36]。

ここで、この取組の前提として地域ガバナンスの視点から注目したいのが、まず①共助による取組の力強い推進である[37]。地方からのデジタル化を一気に進め、デジタルを地方創生の取組を進めるための手段と捉え有効に活用し、目指すべき地域ガバナンスの姿を追求することが必要である[38]。その実現にあたっては、社会的事業を推し進めるスタートアップや共助の力も積極的に活用し、地域内外の多様性を活かしていくことが重要であるとする[39]。次に、②各主体の役割分担と連携による取組の推進である[40]。地方においては、地方公共団体を中心とした地域それぞれが十分議論した上で、自らの地域が目指すべき理想像を描き、そこに向けた地方活性化の取組を進めていくことが求め

られる[41]。国・地方公共団体・企業・大学・スタートアップ企業・金融機関など多様な主体が参画し、地域外の主体も巻き込みながら、地域が一丸となってデジタルを活用した課題解決に取り組むことが肝要とされている[42]。

2．デジタル田園都市国家構想と地域ガバナンス

　ここで留意しなければならないのは、まず、2つの方向性である。第1に、デジタル化はあくまで手段であり、その基本方向は「人間中心のまちづくり」にあるということである[43]。まちづくり分野のDXを推進することで、地域の「寛容性と多様性」を育み、内外の多様な人材をひきつける魅力的な空間・拠点づくりを行い、地方におけるイノベーション創発の促進を目指している[44]。第2に、地域コミュニティ機能の維持・強化である[45]。それは、多様な組織や主体がデジタル技術も活用して連携し、地域コミュニティの補完的な取組を進め、安心して暮らせる地域をつくることである[46]。また、デジタルの力を活用して地域の共助の取組など目に見えない価値を拾い上げ地域コミュニティの活性化に取り組んだり、シェアリングエコノミーに基づく取組を進めることで地域資源の有効活用を図ることが可能になる[47]。こうした取組を横展開することにより、限られたリソースの中で地域の結びつきをより強めることが可能となる[48]。

　次に、各分野の政策の推進である。第1に、地域を支える人材の育成と関係人口の創出・拡大である[49]。「人間中心のまちづくり」に鑑みたとき、市民を一般大衆から自治的市民へ、ソーシャル・キャピタルの担い手として育成していく必要があるが、その育成の場となるのが地域コミュニティである[50]。そして、オンライン等の活用により関係人口が地域と関わるようになり、地域の内発的発展や地域活性化への貢献が目指されている[51]。第2に、市民参加型のまちづくりの推進である[52]。多様な人々が、より暮らしやすい地域サービスを実現していくためには、市民がまちづくりに対して主体的に関わり、地方公共団体や企業、大学といった垣根を越えた様々なステークホルダーと共に考え、共に手を動かす必要がある[53]。これは、政策決定や公的サービス生産供給の主体が多元的なガバナンス（協治社会）を意味する[54]。そして、それを

支えるのは自治的市民であり、地域において多様な主体によるソーシャル・キャピタルが醸成してこそ、ガバナンスは成立し得るのである。

　以上、デジタル田園都市国家構想を概観し、地域ガバナンスの視点から考察した。その結果、デジタル田園都市国家構想は、デジタル化の普及・促進は手段であり「人間中心のまちづくり」を方向性の基本にしていること、並びに、それを支えるのは自治的市民であり多様な主体によるソーシャル・キャピタルの醸成を前提にしたガバナンスの構築が目指されていることを確認した。しかし、このソーシャル・キャピタルを醸成する孵化器、インキュベーターとして期待されるサードプレイスについては言及されていない。

　そこで、次の第5節では、デジタル田園都市国家構想をサードプレイスの観点から考究してみたい。

第5節　デジタル田園都市国家構想とサードプレイス

1．デジタル田園都市国家構想とサードプレイス

　新型コロナウイルス感染拡大の経験を踏まえた地域ガバナンスのあり方を展望するにあたり、マクロ的な視点からは、2023年7月、国土形成計画（全国計画）が閣議決定された。この国土形成計画（全国計画）は、2022年6月7日に閣議決定された「デジタル田園都市国家構想基本方針」と、同年12月23日に閣議決定された「デジタル田園都市国家構想総合戦略」により、デジタル田園都市国家構想の体現を目指していることを確認した。一方、ミクロ的な視点からは、この計画と構想の中心にあるのは「人間中心のまちづくり」であり、そのためには、ソーシャル・キャピタルの醸成による自治的市民の台頭が期待されること、そして、ソーシャル・キャピタルの孵化器、インキュベーターとして期待されるサードプレイスの構築が不可欠であることを確認した。しかし、人口減少と高齢化が加速度的に進んだリアルの地域コミュニティにおいては、ソーシャル・キャピタルの担い手が減少しており、人と人との交流の場を築くことさえ困難になってきている。そこで期待されるのがデジタルによるサードプレイスの構築と、それによるソーシャル・キャピタルの醸成である。しかし、

デジタル田園都市国家構想においては言及されていない。

　そこで、第5節2において具体的な事例を参照しながら、デジタル田園都市国家構想をサードプレイスの観点から考究してみたい。

2．新しい鍵概念としての「ナッジ理論」

　ここで取り上げる事例は、2020年度ふるさとづくり大賞（総務省）を受賞した「シェアビレッジ」の取組である(55)。2015年、秋田県五城目町に新しい村「Share Village」が誕生した。古民家を舞台にした仮想の村である。「年貢を納めて村民になろう」の掛け声で、クラウドファンディングにより、会員（賛同者）＝村民で、年会費＝年貢（3,000円）とう形で全国各地から賛同者と会費を募った。年貢3,000円を払えば、第2の故郷として古民家を共有でき、田舎暮らしを満喫できるというプログラムである。例えば、古民家を舞台にみんなで屋根の葺き替えをしたり、集落のお祭りをみんなで盛り上げたり畑を手伝ったり、「お客様」という立場を超えて、一緒に村・集落を作っていく仲間として、住民票がない人も含めたコミュニティを創っていこうという取組である。別言すれば、関係人口の創出による地域コミュニティの活性化を目指す取組と言えよう。その取組も、イベント＝一揆、手伝い＝助太刀と言って、ワクワクする村づくりを仕掛けることで多くの人の心をつかみ、首都圏の人たちを中心に約2300人の村民が誕生した。古民家を核に様々な人がゆるやかにつながり、それぞれが田舎の魅力を再発見していくことになる。その後、新型コロナウイルスの蔓延をきっかけに、都市と地方が分断されたことから、任意団体のシェアビレッジは一旦、発展的解散を遂げる。そして、2020年7月、シェアビレッジ株式会社を設立した。今度は、自分たちが村を創るのではなく、さまざまな人が自由にコミュニティを創ることができる「共創型コミュニティプラットフォーム」を立ち上げた。2024年5月16日現在で、全国で30を越えるコミュニティがこのプロットフォームに参加し紹介されている。

　このシェアビレッジの取組は、デジタル田園都市国家構想が目指すデジタルとリアルの融合であり、デジタルの活用と普及による「人間中心のまちづくり」の実践と言えるだろう。そして、このシェアビレッジは、目的交流型のサード

プレイスとして、まさにソーシャル・キャピタルの一翼を担う関係人口を創出している。さらに、このプラットフォームで紹介されている里山保全等の伝統なテーマ型のコミュニティ等は、よりソーシャル・キャピタルを醸成させる「伝統的」「テーマ型」「バーチャル」の特徴をあわせ持ったサードプレイスであると言える。

さらに、このシェアビレッジの調査から明らかとなったことがある。それは、シェアビレッジはもちろんこと、このプラットフォームで紹介されるコミュニティ（サードプレイス）が、規範意識からではなく自由に楽しむことを活動のベースに置いているということである。そして、コミュニティの代表者同士の交流が芽生え、お互いのフィールドを視察に行くという取組も生まれている。この視察も、受け入れる側と視察する側、情報を提供する側と受け取る側という関係ではなく、一緒に遊ぶような感覚で価値観や情報を交換し合っている。このため、繋がりがより深くなり、ナレッジの交換・共有等が促進されているのである。

これを別言すれば、「ナッジ理論」の実践と言えよう。ナッジとは、英語で「ひじを軽くつつく」というような意味である。ノーベル経済学賞を受賞したシカゴ大学の行動経済学者：リチャード・セイラー教授らが提唱した理論であり、「これをすべきである」と行動を強制するのではなく、選択の自由を認めた上で、行動科学の知見から自発的な行動変容を促すために後押しするアプローチのことを言う。これからの地域ガバナンスのあり方を検討する上で、このナッジ理論は新たな鍵概念として注目すべきと考えるのである。

第6節　おわりに

本論文では、2023年7月に閣議決定された国土形成計画の概要を確認した上で、第1に、注目されているソーシャル・キャピタルの概念について概観するとともに、先行研究を考察した。第2に、ソーシャル・キャピタルの孵化器、インキュベーターとして期待されるサードプレイスの概念について概観するとともに、先行研究を考察した。第3に、少子高齢化、人口減少が加速度的に進

み地域コミュニティの維持が困難になってきた現状に鑑み提唱されたデジタル田園都市国家構想について確認した。第4に、このデジタル田園都市国家構想をサードプレイスの観点から考究してきたところである。その結果、国土形成計画とデジタル田園都市国家構想から考察するこれからの地域ガバナンスは、ソーシャル・キャピタルの醸成を目的にしたデジタルによるサードプレイスの構築が不可欠であり、それをナッジ理論の観点から制度設計することが求められていると言えるだろう。

そして、それにより自治的市民が台頭してきたその先に期待されるのは、バルセロナ市が実践する市民参加のためのデジタルプラットフォーム「Decidim」を活用した直接民主主義の実践ではないだろか[56]。もちろん、このデジタル民主主義が、単なる多数派支配の民主主義に陥っては意味がない。デジタルであればこそ地域の「寛容性と多様性」を育み、様々な意見をあらゆる人たちと交換できる熟議デモクラシーのプラットフォームの創設が求められる。それが日本のデジタル田園都市国家構想において実現したとき、市民が地域ガバナンスを主導する「シティズン・ガバナンス」[57]の誕生を期待せずにはいられない。

(注1) 厚生労働省HP「データからわかる――新型コロナウイルス感染症情報――」参照。「感染者動向・陽性者数（累積）」「感染者動向・死亡者数（累積）」。https://covid19.mhlw.go.jp/（閲覧日：2023年11月30日）
(注2) 第1回：2020年4月7日〜5月25日、第2回：2021年1月8日〜3月21日、第3回：2021年4月25日〜6月30日、第4回：2021年7月12〜9月30日の合計4回発出されている。
(注3) 厚生労働省HP「新型コロナウイルス感染症の5類感染症移行後の対応について」参照。https://www.mhlw.go.jp/stf/corona5rui.html（閲覧日：2023年11月30日）
(注4) 国土交通省（2023）「国土形成計画（全国計画）」。
(注5) 以下、国土交通省（2023）「国土形成計画（全国計画）概要」、1頁参照。
(注6) 以下、国土交通省（2023）「国土形成計画（全国計画）」、7-8頁参照。
(注7) 国土交通省、同上計画、10-16頁参照。
(注8) 国土交通省、同上計画、11頁参照。
(注9) 国土交通省、同上計画、11頁。
(注10) 国土交通省、同上計画、11頁。
(注11) 国土交通省、同上計画、11頁参照。
(注12) ロバート・D・パットナム著・河田潤一訳（2001）『哲学する民主主義――伝統と改

革の市民的構造』NTT出版、206-207頁。
(注13) ロバート・D・パットナム著・柴内康文訳（2006）『孤独なボウリング――米国コミュニティの崩壊と再生』柏書房、14頁。
(注14) 稲葉陽二（2011）『ソーシャル・キャピタル入門』中公新書、23-27頁参照。
(注15) 稲葉陽二、前掲書、31頁参照。稲葉陽二・大守隆・近藤克則・宮田加久子・矢野聡・吉野諒三編（2011）『ソーシャル・キャピタルのフロンティア――その到達点と可能性――』ミネルヴァ書房、117-118頁参照。露口健司編著（2016）『ソーシャル・キャピタルと教育――「つながり」づくりにおける学校の役割――』ミネルヴァ書房、66-67頁参照。関谷雄一・高倉浩樹編（2019）『震災復興の公共人類学――福島原発事故被災者と津波被災者との協働』東京大学出版会、158頁参照。D.P.アルドリッチ著／石田祐・藤澤由和訳（2015）『災害復興におけるソーシャル・キャピタルの役割とは何か――地域再建とレジリエンスの構築――』ミネルヴァ書房、44-47頁参照。黒木誉之「災害とソーシャル・キャピタルに関する一考察――熊本県益城町津森地区を事例に――」『非営利法人研究学会誌』VOL.22、2020、97頁参照。
(注16) 稲葉陽二他編、同上書、117-118頁参照。露口健司編著、同上書、66-67頁参照。関谷雄一・高倉浩樹 編、同上書、158頁参照。D.P.アルドリッチ著／石田祐・藤澤由和訳、同上書、47-48頁参照。黒木誉之、同上論文、97頁参照。
(注17) 神戸市市民参画推進局地域力強化推進課（2011）「ソーシャルキャピタルの醸成を通じた地域づくり～5年間の調査・分析を踏まえて～」、1-117頁。神戸市・神戸市地域活動推進委員会（2010年度）「あいさつしたら安全・安心なまちになる！？」1-2頁。
(注18) 田中瑞季・梅崎修（2012）「地域コミュニティにおけるソーシャルキャピタル：神楽坂地域の喫茶店を事例にして」法政大学地域研究センター『地域イノベーション』Vol.5、9-20頁。
(注19) 黒木誉之、前掲論文、30-41頁。
(注20) レイ・オルデンバーグ著・忠平美幸訳（2013）『サードプレイス コミュニティの核になる「とびきり居心地よい場所」』みすず書房、59頁。
(注21) レイ・オルデンバーグ著・忠平美幸訳、同上書、59頁。
(注22) レイ・オルデンバーグ著・忠平美幸訳、同上書、57頁。
(注23) レイ・オルデンバーグ著・忠平美幸訳、同上書、458-462頁参照。
(注24) レイ・オルデンバーグ著・忠平美幸訳、同上書、462頁。
(注25) 山田広明・小林重人「個人志向と社会志向が共存するサードプレイスの形成メカニズムの研究」（20165）情報処理学会『情報処理学会誌』Vol.57、No. 3、897-909頁。
(注26) 片岡亜紀子・石山恒貴（2016）「地域コミュニティにおけるサードプレイスの役割と効果」法政大学地域研究センター『地域イノベーション』Vol. 9、73-86頁。
(注27) 石山恒貴編著（2019）『地域とゆるくつながろう！』静岡新聞社、1-256頁。
(注28) 石山恒貴編著、同上書、11頁。
(注29) 石山恒貴編著、同上書。
(注30) 石山恒貴（2021）「サードプレイス概念の拡張の検討－サービス供給主体としてのサードプレイスの可能性と課題」労働政策研究・研修機構『日本労働研究雑誌』No.732、4-17頁。

（注31）内閣府（2022）「デジタル田園都市国家構想基本方針」。
（注32）内閣府（2022）「デジタル田園都市国家構想総合戦略」。
（注33）内閣府、前掲方針、1頁。
（注34）内閣府、同上方針、1頁参照。
（注35）内閣府、同上方針。
（注36）内閣府、同上方針。
（注37）内閣府、同上方針、3頁参照。
（注38）内閣府、同上方針。
（注39）内閣府、同上方針。
（注40）内閣府、同上方針。
（注41）内閣府、同上方針、4頁参照。
（注42）内閣府、同上方針。
（注43）内閣府、同上方針、13頁参照。
（注44）内閣府、同上方針、13-14頁参照。
（注45）内閣府、同上方針、15頁参照。
（注46）内閣府、同上方針。
（注47）内閣府、同上方針。
（注48）内閣府、同上方針。
（注49）内閣府、同上方針、63-64頁参照。
（注50）内閣府、同上方針、63頁参照。
（注51）内閣府、同上方針、64頁参照。
（注52）内閣府、同上方針、89頁参照。
（注53）内閣府、同上方針。
（注54）黒木誉之（2012）「自治概念の動態性に関する基礎理論――ガバナンス社会における政治・行政のパラダイム――」荒木昭次郎・澤田道夫・黒木誉之・久原美樹子『現代自治行政学の基礎理論――地方自治の理論的地平を拓く――』成文堂、88頁参照。
（注55）以下、①一般財団法人地域活性化センターのふるさとづくり大賞紹介動画と②ヒアリング調査の結果から概要等を紹介する。①一般財団法人地域活性化センターのふるさとづくり大賞紹介動画：地域づくりTV「みんなで、村つくろう！ 新たな時代の「共創型」コミュニティ（シェアビレッジ・プロジェクト）」
https://youtu.be/6mVMJk1ioro?si=Gyvyfu_zYT7-w6hE（閲覧日：2023年12月30日）。②ヒアリング調査：実施日・2024年4月29日。方法・オンライン。回答者・シェアビレッジ株式会社 取締役 半田理人氏。
（注56）宇野重規（2022）「デジタル化時代の地域力」NIRA総合研究開発機構『NIRA研究報告書　デジタル化時代の地域力』2021・no.7、1-6頁参照。吉村有司（2022）「バルセロナが実践するデータを用いたまちづくり」NIRA総合研究開発機構『NIRA研究報告書　デジタル化時代の地域力』2021・no.7、17-24頁参照。庄司昌彦（2022）「参加型民主主義の変容と課題」NIRA総合研究開発機構『NIRA研究報告書　デジタル化時代の地域力』2021・no.7、25-36頁参照。
（注57）黒木誉之、前掲書、93頁、124-136頁参照。

【参考文献】

石山恒貴編著（2019）『地域とゆるくつながろう！』静岡新聞社

石山恒貴（2021）「サードプレイス概念の拡張の検討——サービス供給主体としてのサードプレイスの可能性と課題」労働政策研究・研修機構『日本労働研究雑誌』No732

稲葉陽二（2011）『ソーシャル・キャピタル入門』中公新書

稲葉陽二・大守隆・近藤克則・宮田加久子・矢野聡・吉野諒三編（2011）『ソーシャル・キャピタルのフロンティア——その到達点と可能性——』ミネルヴァ書房

宇野重規（2022）「デジタル化時代の地域力」NIRA総合研究開発機構『NIRA研究報告書　デジタル化時代の地域力』2021・no.7

片岡亜紀子・石山恒貴（2016）「地域コミュニティにおけるサードプレイスの役割と効果」法政大学 地域研究センター『地域イノベーション』Vol.9

黒木誉之（2012）「自治概念の動態性に関する基礎理論——ガバナンス社会における政治・行政のパラダイム——」荒木昭次郎・澤田道夫・黒木誉之・久原美樹子『現代自治行政学の基礎理論——地方自治の理論的地平を拓く——』成文堂

黒木誉之（2020）「災害とソーシャル・キャピタルに関する一考察——熊本県益城町津森地区を事例に——」『非営利法人研究学会誌』VOL.22

庄司昌彦（2022）「参加型民主主義の変容と課題」NIRA総合研究開発機構『NIRA研究報告書　デジタル化時代の地域力』2021・no.7

関谷雄一・高倉浩樹編（2019）『震災復興の公共人類学——福島原発事故被災者と津波被災者との協働』東京大学出版会

田中瑞季・梅崎修（2012）「地域コミュニティにおけるソーシャルキャピタル：神楽坂地域の喫茶店を事例にして」法政大学地域研究センター『地域イノベーション』Vol.5

露口健司編著（2016）『ソーシャル・キャピタルと教育——「つながり」づくりにおける学校の役割——』ミネルヴァ書房

山田広明・小林重人（2016）「個人志向と社会志向が共存するサードプレイスの形成メカニズムの研究」情報処理学会『情報処理学会誌』Vol.57、No.3

吉村有司（2022）「バルセロナが実践するデータを用いたまちづくり」NIRA総合研究開発機構『NIRA研究報告書　デジタル化時代の地域力』2021・no.7

D.P.アルドリッチ著／石田祐・藤澤由和訳（2015）『災害復興におけるソーシャル・キャピタルの役割とは何か——地域再建とレジリエンスの構築——』ミネルヴァ書房

レイ・オルデンバーグ著／忠平美幸訳（2013）『サードプレイス　コミュニティの核になる「とびきり居心地よい場所」』みすず書房

ロバート・D・パットナム著／河田潤一訳（2001）『哲学する民主主義——伝統と改革の市民的構造』NTT出版

ロバート・D・パットナム著／柴内康文訳（2006）『孤独なボウリング——米国コミュニティの崩壊と再生』柏書房

[参考資料]

神戸市市民参画推進局地域力強化推進課（2011）「ソーシャルキャピタルの醸成を通じた地域づくり〜5年間の調査・分析を踏まえて〜」。

神戸市・神戸市地域活動推進委員会(2010年度)「あいさつしたら安全・安心なまちになる！？」。
国土交通省（2023）「国土形成計画（全国計画）」。
国土交通省（2023）「国土形成計画（全国計画）概要」。
内閣府（2022）「デジタル田園都市国家構想基本方針」。
内閣府（2022）「デジタル田園都市国家構想総合戦略」。

［参考URL］
一般財団法人地域活性化センターのふるさとづくり大賞紹介動画：地域づくりTV「みんなで、村つくろう！ 新たな時代の「共創型」コミュニティ（シェアビレッジ・プロジェクト）」。
　　https://youtu.be/6mVMJk1ioro?si=Gyvyfu_zYT7-w6hE （閲覧日：2023年12月30日）。
厚生労働省HP「データからわかる――新型コロナウイルス感染症情報――」。
　　https://covid19.mhlw.go.jp/（閲覧日：2023年11月30日）
厚生労働省HP「新型コロナウイルス感染症の5類感染症移行後の対応について」。https://www.mhlw.go.jp/stf/corona5rui.html（閲覧日：2023年11月30日）

第10章

公共サービスの展開とイノベーション

小松　陽一
（元・関西大学総合情報学部教授）

第1節　はじめに

　2023年5月8日、新型コロナウィルス感染症は、感染症法の5類感染症に変更され、コロナ・パンデミック[1]は一つの終わりを迎えた。この限りにおいて、現在は「コロナ・パンデミック後の世界」と呼んでも良いのかもしれない。それは地方自治体にとってどのような世界なのか。どのような概念群・命題群によってその世界を記述すればよいのか。その上で、「コロナ・パンデミック後の世界」における地方自治体の課題と解決の方向性はどのようなものか。これらが本論の根本的な考察課題である。

　本論に入る前に「コロナ・パンデミック後の世界」に関する筆者の基本認識を示しておきたい。それは「コロナ・パンデミック後の世界」は「コロナ・パンデミック以前の世界」と同じではないということである。

　確かに、コロナ・パンデミックのような有事に対する公共部門のレスポンスは、通常、不十分な備えの下で開始され、緊急予算措置や人材の配置転換という形態で特定の分野への短期集中的な資源配分が実施され、不十分な備えへの補強が試みられるであろう。この種の補強は通常、臨時的措置とされ、平時になれば縮小・廃止され、人材であれば「原隊復帰」になる場合が多い（小松2021参照）。

　しかし、公共部門の有事のレスポンスは、公共事業システム及び公共サービスの享受者（国民、住民）に様々な「履歴」を残す。それは、法改正を初めとする各種の制度改正、組織の再編成や新設といった可視的・客観的な「履歴」ばかりではない。言説化とコミュニケーションの過程を通じて、社会的・集団

的に共有されるに至った価値観、パラダイム、目的といった準可視的・間主観的な「履歴」、さらには、個人が自己を取り巻く世界に当てはめてきた従来の認識・理解の枠組みや世界観への懐疑や内省、「ゆらぎ」、意識の変化といった不可視的・主観的な「履歴」も含まれる。これらの「履歴」によって「コロナ・パンデミック以前の世界」に不可逆的な変化が生じた世界が「コロナ・パンデミック後の世界」であると筆者は認識している。

　したがって、コロナ・パンデミックの如き有事に対する公共部門のレスポンスの「履歴」は、公共事業システム及び公共サービス全体にとってどのような意味を持つのかを考察する必要がある。結論の一部を先取り的に述べれば、その考察における鍵概念（key concepts）の一つが「イノベーション」である。その根拠は2つあり、一つは、筆者が考察において依拠する、経営学（とりわけ、経営戦略論）における近年の理論展開の動向が、「イノベーション」を鍵概念に進行していることである[2]。もう一つは、イギリスにおける公共サービスの歴史的な展開を事例分析することを通じて、イノベーションの累積的な効果が、長期的に、大きな影響を及ぼしていると見なしうるからである。第一のレビュー・分析・考察は、紙数の制限上、別の機会に譲り、本論においては、第二の課題を考察する。

第2節　近世イギリスの公共サービスの展開[3]

　国（政府・中央省庁）や地方自治体が国民や地域住民に公共サービスを持続的に提供するという動態的な事象は、少なくとも、2つの視角から考察・分析ができると筆者は考える。第1は、提供される公共サービスの種類や量、すなわち公共サービスの範囲の変化であり、第2は、公共サービス提供の方法や仕組みの変化である。「イノベーション」はこれら2つの変化に関連する概念である。

　公共サービスの範囲は、決して単調増加ではないが、拡大し続けてきたと考えられる。ことに、近世ヨーロッパにおいて、公共サービス（統治の職能）の範囲は拡がっていった。西尾（2001）は次のように簡潔に要約している。

第10章　公共サービスの展開とイノベーション

「……、中世封建制の支配体制が崩れ、絶対君主を支配体制者とする中央集権体制の国民国家（nation state）が形成され始めた近世の時代になると、各地の絶対君主たちは富国強兵を競い合うことになり、ここに重商主義（Mercantilism）または重農主義（Physiocracy）の政治思想にもとづく殖産興業政策が推進されていった。統治の職能は次第にその範囲を広げ始め、これを担う新しい人材として近代的な意味での官僚が登場した。」（2頁）

近世ヨーロッパを主導した国民国家は、当初、大航海時代の先駆国であったポルトガルとスペインであったが、1588年、絶対君主エリザベス1世治下のイギリスの海軍がアルマダの海戦で、絶対君主フェリペ2世治下のスペインの無敵艦隊を破ったことを契機に、イギリスがその座を奪っていった。

1．議会による国王大権の制限[4]

西尾（2001）が指摘する「近代的な意味での官僚」の登場、「君主と官僚のための学問」としての官房学（Kameralismus）の隆盛[5]は、フランス、ドイツなどのヨーロッパ大陸の諸国によくあてはまる事態であった。しかし、近世イギリスにおいては、13世紀にその端を発し、長い歴史を持つ議会が、君主と対立し、君主の国王大権を制限していく政治の歴史であったから、君主を支える官僚が大きな存在であったとは考えにくい。

1603年、エリザベス1世の逝去によってチューダー朝は途絶え、王権神授説の信奉者にしてスコットランド王、カソリック教徒のジェイムズ1世がステュアート朝を創始した。ジェイムズ1世の逝去に伴い、1625年、その息子、チャールズ1世が即位した。しかし、外交方針の相次ぐ転換、相次ぐ敗戦に、議会はチャールズ1世の側近バッキンガム公爵への批判を強め、国王側は、下院、貴族院の有力議員の排除措置によって対抗した。1628年、イングランド議会から「権利の請願」が提出された。それは、スコットランド王でもあるチャールズ1世が、国王大権により発する法律は、イングランド法に対する違反があるとし、それを解消するための11か条から成る請願であった。

しかしその後も、国教を強制する絶対君主チャールズ1世と、ピューリタンを中心にした議会との対立は収まらず、1642年、遂に、清教徒革命（ピューリ

タン革命）が勃発する。クロムウェル率いる鉄騎隊の活躍で議会派が勝利すると、チャールズ1世は処刑され、クロムウェルは共和制を宣言した。共和制の下で独裁を行ったクロムウェルが死去し、息子が後を引き継いだが、失政によって政権を追われ、共和制は崩壊した。1660年、亡命中のチャールズ2世が帰国して王位につき、イギリスは王政復古した。

　1685年、チャールズ2世の弟、ジェームズ2世が即位したが、カソリック復興を強行したために、プロテスタント系の国教会の議会と対立、1688年、名誉革命が始まった。1689年には、プロテスタント国家のオランダのオレンジ公ウィリアムとその妻メアリー（ジェームズ2世の娘にしてプロテスタント）がイングランド議会の招聘に応じて、軍隊とともにイングランドに上陸し、ジェームズ2世は妻子とともにフランスに亡命した。オレンジ公ウィリアムとメアリは、国民の自由と権利を確認した「権利宣言」の承認と引き換えに、ウィリアム3世、メアリ2世として即位した。議会は、「権利宣言」とほぼ同内容の「権利章典」を制定し、イギリスの絶対君主制は終わりを告げた。1707年を最後に、国王は立法上の拒否権を行使することはなくなった（今井編1990、286頁参照）。これ以降、イギリスの政治史は、実質上、イギリス議会史になった。

2．財源の多様化

　名誉革命後のヨーロッパは戦争の時代であった。1689年、ウィリアムはオーストリアとオランダとの間で対仏同盟を結び、これにイギリスとスペイン等を加えて「アウグスブルグ同盟」を結成した。これによりイギリスは、アン女王治世の1713年まで、ほとんど間断なく対仏戦争を戦うことになり、それに要する費用は年間500万ポンドに達した。政府は戦費調達のため、関税、消費税を強化し、さらに土地税を導入したが、増税・新税による税収増のみでは財政破綻に追い込まれるのは明らかであった（今井編1990、264頁参照）。

　そこで、1693年に国債制度を導入、1694年には国債引き受けを主目的にする金融機関イングランド銀行を設立した。これを「財政革命」という。

　ハノーヴァ朝の時代になると、ウォルポールが商工業の振興によって税収を増やす方策を採用し、そのため工業製品への輸出関税と工業原料への輸入関税

が多数廃止され、国内工業保護のため競合する外国製品の輸入が規制された（今井編1990、297-299頁参照）。

3．エリザベス救貧法

1594～1597年、エリザベス1世治世のイングランドは世紀最悪の凶作に襲われ、穀物価格が騰貴した。また1592～1593年、疫病が流行した。戦争の影響によるインフレ、地中海市場の喪失などが重なって、イングランドの職人、奉公人の生活水準は史上最低と言われるほどに悪化した。これへの対策として、1601年、救貧法（エリザベス救貧法）が制定された。救貧法は、「救貧の責任を教区に負わせ、救貧税を財源にして、労働できない貧民は救貧院に収容し、労働可能なものは強制的に就労させた」（今井編2019、117頁）。この救貧法は、1834年の「救貧法改正法」まで基本的に維持された。

第3節　近代イギリスにおける公共サービスの展開

1．イギリスの経済成長：産業革命と自由貿易体制

18世紀後半になると、イギリス経済の仕組みに大きな変革が生じる。産業革命とそれに伴う自由貿易体制の出現である。

産業革命は工業化の過程であった。当初、綿工業に始まり、次第に鉄鋼業、鉄道業、機械工業に移っていったが、その前提条件として「人口革命」「農業革命」といった「革命」の連鎖があった。

産業革命をもたらしたもう一つの前提条件として貿易額の増加がある。産業革命に先立つ1世紀あまりの間に、イギリスの貿易額は6～7倍に増えた。その相手先は、アジア、アフリカ、アメリカにあるイギリスの海外植民地であった。産業革命が軌道に乗ってくると、いわゆる「三角貿易」によって貿易額がさらに増大し、富がイギリスに集中した。これら一連の変化を「イギリス商業革命」という。

18世紀後半から19世紀中頃まで、イギリスの綿工業は飛躍的に発展し、1840年代の全綿製品の50％以上は輸出され、イギリスの全輸出額の40～50％を占め

ていた。綿工業の資本家、商工業者、金融業者が、自由貿易の推進者となるのは当然であり、彼らはマンチェスター派となって議会に働きかけるようになっていった。自由貿易政策は、1830年代以降はホイッグ、トーリーのいずれの政権にも引き継がれた。その通貨制度を基盤として、すでに1816年には金本位制度法が成立し、1821年にはイングランド銀行の金兌換を再開して、世界で最初の金本位制が完全実施されるに至った。1846年には第二次ピール内閣の下で、上流階級である地主の利害に関わる穀物法が、遂に、撤廃された。これにより自由貿易の趨勢は決定的になった（村岡・木畑編1991、55頁：93-96頁参照）。

2．三大階級の成立

　産業革命はイギリスの社会にも大きな構造変化をもたらした。すなわち、ジェントルマン・上流階級（地主・金利生活者）、ブルジョワ・中流階級（資本家階級）、労働者階級の三大階級が成立した。

　新興のブルジョワ・中流階級の要求は、自由貿易の実現であり、そのために選挙権を要求した。この点において、ブルジョワ・中流階級と労働者階級の要求は一致し、第一次選挙法改正運動で共闘することになった。それにより、ホイッグ党のグレイ政権の下で、1832年、改正法案は成立した。これによりブルジョワ・中流階級にひろく選挙権が与えられた。しかし改正法案に満足できなかった労働者階級は一方で、1824年の団結禁止法の廃止を受けて、労働組合運動を繰り広げた。他方で、「史上最初の労働者階級による大規模な政治闘争」（村岡・木畑編1991、105頁）と言われる「チャーチスト運動」を繰り広げた。しかし、これらの運動は結局、労働者階級の要求を実現することなく瓦解した。

　他方、ホイッグ党のグレイ政権下では労働者階級に関係する諸改革が行われた。すなわち、1834年の救貧法改正、1833年の工場法、1842年の鉱山法、1848年の公衆衛生法、などに関わる改革と運動である。

3．イギリス繁栄の時代における労働運動

　1851年の第1回ロンドン万国博覧会から1873年の「大不況」までは、イギリスの繁栄の時代であった。ヴィクトリア女王（在位1837〜1901）の時代であり、

その前期のイギリスは「世界の工場」であった。政治的には、自由党優越の時代であり、自由貿易は国策となった。1860年の英仏通商条約の締結に示すように、1860年代には自由貿易体制はヨーロッパに拡大した。

自由貿易を国策とするイギリスの繁栄期には、当然のことながら、ブルジョワ・中流階級、とりわけ商工業者と金融業者に富が集中した。1852年から1867年の間に、中流階級の商工業、プロフェッションからの収税額は、上流階級の不動産収入からの収税額を追い抜いた（村岡・木畑編1991、130頁参照）。

繁栄の時代（とりわけ1860年代以降）は、労働者階級にとっても、実質賃金の著しい上昇という形で恩恵をもたらした。確かに周期的に訪れる不況時には、解雇による失業者の増加に対してストライキが頻発し、第二次選挙法改正を目指す政治運動が高揚したが、1830年代～1840年代のような急進性、戦闘性は減退した（村岡・木畑編1991、137頁参照）。

繁栄の時期には、労働運動の指導権にも変化が生じた。すなわち、1850年代から1860年代の労働運動においては、熟練職人労働者（機械工、大工指物師、ボイラー工、石工など）が台頭し、指導権を握った。彼らは「労働貴族」と呼ばれた富裕労働者層の中核であった。彼らが結成した「新型」組合は結集し、1860年にロンドン労働組合協議会を設立した。一方、これに対立する労働組合は、1868年、労働組合会議（TUC）を結成した。

1860年代後半から1870年代のはじめにかけて、最大の問題は労働組合の法的地位の強化にあった。組合側は労働組合会議（TUC）を結成して議会に攻勢をかけたが、1871年、労働組合法が成立し、イギリスの労働組合は法的地位が明確に承認された。

1833年に制定された工場法は、1867年、繊維工業に限定されていた対象範囲が拡大され、全ての職種の工場に、さらに仕事場規制法によって50人未満の手工業の仕事場にも適用されることになった（村岡・木畑編1991、140頁参照）。

4．イギリス経済の弱体化と労働党の成立

19世紀末、ヴィクトリア朝後期のイギリスは、1873年にドイツで始まった世界恐慌から1896年に至るまで、「大不況」と呼ばれた慢性的な不況に陥った（村

岡・木畑編1991、169-173頁参照)。それはイギリス以外の国々、とりわけ、アメリカ合衆国とドイツの経済成長によって、工業製品の世界市場への供給が大きく増加し、それ以降、かつて「世界の工場」と呼ばれたイギリスが、その輝かしい地位を取り戻すことはなかった。

　この時期、イギリス政治の内政の課題は、自由党、保守党を問わず、労働者階級への選挙権の拡大であった。前述の通り、繁栄の時代に労働運動の指導権を握り、自助と節約の倫理をブルジョワ・中流階級と共有する熟練労働者層に関しては、選挙権の拡大に特段の問題はなかった。争点となったのは、それより下層の労働者にどこまで選挙権を与えるかにあった。紆余曲折の末、ラッセル及びグラッドストン自由党内閣に代わって政権の座についたダービー及びディズレーリ保守党内閣が選挙法改正案を提出した。1867年、第二次選挙法改正により成立した新しい選挙法は、地方税の納入のみを参政権の条件とする、当時としては民主的な選挙法案であった（村岡・木畑編1991、154-156頁；173頁参照)。

　1874年の総選挙では保守党が勝利し、第二次ディズレーリ内閣が成立した。この内閣は、内政面において、「トーリ・デモクラシー」と呼ばれた一連の社会改革諸立法を行って公共サービスの幅を拡大した。すなわち、公衆衛生法、職工住宅法を成立させた。さらに、雇主・労働者法と共同謀議・財産保護法が制定された（村岡・木畑編1991、174頁参照)。前者により労働者と資本家の法的平等が実現され、後者によりストライキは共同謀議罪から除外され、労働組合のピケット権も承認された。

　ディズレーリの内政構想である「トーリ・デモクラシー」は、チェンバレン率いる自由党新急進派によっても実行に移された。労働組合を母体に選出された下院議員は「自由=労働派」を形成し、自由党員として行動した（村岡・木畑編1991、184頁参照)。

　1880年初頭には、「社会主義の復活」が生じた。すなわち、トーリ急進派のハイドマンが、1883年、イギリス初のマルクス主義団体、社会民主連盟を組織した。これと路線対立したウィリアム・モリス、エリナ・マルクス（カール・マルクスの娘）らは社会主義者連盟を結成した。これらマルクス主義団体は、

1880年代の失業者運動を指導した。

1884年には、シドニ・ウェッブ、バーナード・ショウ、H.G.ウェルズらによって、非マルクス主義的社会主義団体であるフェビアン協会が結成された。フェビアン協会は知的専門職が過半数を占め、労働者階級との直接的な接触を欠いていたが、後の労働党の成立と発展には大きな影響を及ぼした。

1873年〜1896年の「大不況」は、不熟練・半熟連労働者の失業の急増をもたらし、社会主義団体によって推進された「法定八時間労働日運動」が、ロンドンで新たな労働運動を生み出した。これらの争議から生まれたガス労働者・一般労働者組合、港湾・波止場・河岸・一般労働者組合といった新しいタイプの組合は、「一般労働組合（ゼネラル・ユニオン）」と呼ばれる。しかし、この様な新組合主義運動は、1892年の恐慌以来、資本側の攻勢を受け、ロンドンの運動指導者は、法定八時間労働や労使紛争調停機関の設立を求めて、国政に影響を及ぼそうとした（村岡・木畑編1991、190頁）。

1899年、プリマスにおいて、労働組合会議（TUC）は、従来までの自由党追随路線を見直すという画期的な決議を行った。すなわち、従来の労働組合運動は、自由党の自由＝労働派（リブ・ラブ）が主導権を握り、労働組合会議（TUC）も労働者の議会代表が自由党議員であることで満足していた。しかし、このような自由主義的労働運動は、「社会主義の復活」、「新組合運動」の高揚などにみられる労働運動の変化によって見直しをせまられたのである。1900年２月27日〜28日、ロンドンのメモリアル・ホールに、独立労働党、フェビアン協会、社会民主連盟の社会主義団体と労働組合員の代表者129名が集まり、労働代表委員会（Labour Representation Committee）が誕生した。1906年、労働代表委員会は名称を労働党（Labour Party）に改めた。

第4節　現代イギリスにおける公共サービスの展開[(6)]

1．世界大戦と労働党内閣の成立

ロイド・ジョージの連立内閣の下に第一次世界大戦を戦い、チャーチルの挙国一致内閣の下に第二次世界大戦を戦ったイギリスは、そのいずれにおいても

戦勝国となった。しかし、イギリスの富とそれを産みだしていた経済の仕組みは大きく損なわれた。

　二度に亘る世界大戦は、国家総力戦であり、その効果的な遂行のためには労働組合の協力が必要であった。1915年5月のアスキス連立内閣に労働党のアーサー・ヘンダソンが教育相として初入閣した。「1916年12月の政変」でアスキスに代わって連立内閣を引き継いだロイド・ジョージの戦時内閣体制においても労働党に大臣ポストが与えられた。

　国家総力戦を戦うにあたって、政府は「労働希釈（dilution of labor）」、すなわち熟練労働者不足を非熟練労働者や婦人労働者で補う政策を推進した。これにより女性が就業しうる職種が拡大し、女性の社会的地位が高まり、30歳以上の女性の選挙権が与えられた1918年の第4次選挙法改正に繋がった。（村岡・木畑編1991、265-273頁参照）。

　第一次世界大戦終戦直後の選挙（クーポン選挙）で大勝した保守党の内部に連立政府解消論が持ち上がり、紆余曲折を経て、ボナ・ロー保守党政権が成立した。ローが健康上の理由で辞任した後、後継のボールドウィン保守党内閣が行った、失業救済のための関税導入を争点とする下院選挙で、保守党は過半数に達しなかった。そこで第二党の労働党が、第三党の自由党の協力を得て、1923年、ラムゼイ・マクドナルド労働党内閣が誕生した。しかし、1924年、国際共産主義運動の問題処理をめぐって保守党、自由党からの非難を受け、下院選挙の結果、保守党が大勝し、初の労働党内閣は短期政権に終わった。

2．世界大恐慌

　1929年の世界恐慌の時、政権の座にあったのは、同年5月の総選挙でボールドウィンの保守党を破って成立した、マクドナルド労働党内閣であった。イギリス経済は1920年代から主要産業が停滞し、失業者は250万人に及んだ。世界恐慌前には貿易収支の赤字を補っていた貿易外収支が激減し、1931年以降は、国際収支は赤字に転じた。

　労働党政府は、経済活性化の方法として、すでに1924年にロイド・ジョージによって提案され、ケインズによって積極的に支持され、理論化された方法、

すなわち、公共事業による雇用創出策を採用しなかった。労働党政府が採用したのは、いわゆる「大蔵省見解（Treasury View）」に基いて大蔵省が唱道する緊縮財政によるデフレ政策であった。

３．福祉国家とイギリスの凋落

　1945年７月、ドイツの降伏を受けて実施された総選挙で、労働党はチャーチルの保守党に圧勝し、アトリー労働党内閣が誕生した。予想外と言われたその勝利の原因として、1942年12月に発表された「ベヴァレッジ報告書」がある。「「ベヴァレッジ報告書」は、それまで別々に存在し、国民の半分以下しかカヴァーしてなかった健康保険、失業保険、年金などを、統一した制度のもとにおいて、均一醵出均一給付の原則のもとに国民のすべてをそれに受益させることを提言した文書で、「ゆりかごから墓場まで」の社会福祉制度の青写真ともいうべきものであった。」（村岡・木畑編1991、329頁）この報告書が発表されたときイギリス国民は熱狂的に歓迎した。「ベヴァレッジ報告書」の実施に対する積極性の差が、労働党の勝利と保守党の敗北をもたらした。第二次世界大戦後のイギリスの内政の方向性はここに定まった。

　問題は財源にあった。約11億ポンドの海外資産は失われ、対外債務は開戦時の７億6,000万ポンドから約33億ポンドに膨らんだ。国内の生産設備は破壊され、資金もなく、商船隊も戦争で失われたので、輸出の促進もできない状態だった。残る方法は、アメリカ合衆国に財政援助を請うことであった。交渉は難航したが、37億5,000万ドルが２％の利子、50年償還で貸与された。またカナダからも10億2,500万ドルの借款を得た。

　財源を得た労働党内閣の国家政策は、社会主義政党らしく、基幹産業の国有化から開始した。1946年にイングランド銀行、民間航空、1947年に海外無線及び電信、石炭産業、1948年に運輸、電気、1949年にガス、1951年に鉄鋼を、それぞれの国有化法に基づき国有化した。

　これと並んで社会保障の立法化が推進された。すなわち、1946年に国民保険法、国民保険サービス法、1948年に国民扶助法が制定された。さらに戦災による住宅不足に対処するため、1946年〜1951年に、プレハブ住宅15万戸を含む約

100万戸の住宅を供給した。これに関連して、土地問題の解決のため、1946年にニュータウン法、1947年に都市・地方計画法を制定した（村岡・木畑編1991、348-350頁参照）。こうして第二次世界大戦後のイギリスの公的サービスは大幅に強化された。

しかし、福祉国家政策を持続するには、イギリス経済は未だ脆弱であった。1947年には年頭から猛烈な寒波によって燃料危機が生じ、国民生活と共に産業活動に大打撃を与えた。また同年、アメリカ合衆国のインフレ・ドル安により財政援助の目減りが生じ、ポンドの自由交換実施によりドルが急激に流出し、国際収支の均衡が崩れた。このようなイギリス経済の危機を救ったのは、またもアメリカ合衆国からの財政援助、マーシャル・プラン（1948年）であった。1949年、アメリカ合衆国の経済不況によりドル地域向けのイギリスの輸出が急減し、ドル不足が生じた。労働党政府は、遂に、ポンドの切り下げに踏み切った。それによるインフレの可能性が出てくる状況の下で行われた1950年の総選挙で労働党は辛勝した。

1950年に勃発した朝鮮戦争にイギリスは参戦し、膨大な軍事予算はインフレを悪化させ、輸出減少により国際収支も悪化させた。1951年の総選挙で労働党は保守党に議席で逆転され、アトリー労働党政権は終わった。

4．「合意の政治」と「ストップ・アンド・ゴー政策」

1951年に政権復帰したチャーチルの保守党内閣は、食料の配給制や資材の統制を撤廃し、国有化された鉄鋼産業を民営に戻す以外は、労働党の政策をそのまま引き継いだ。すなわち、完全雇用政策、福祉政策は引き継がれ、国民保険や国民保険サービス関連の予算は増額された。こうして「合意の政治（コンセンサス政治）」が始まった。

「合意の政治」の一つの原因は、朝鮮戦争による景気回復と国際収支の大幅な改善によって、経済的余裕ができたからであった。1953年から1954年にかけて経済ブームも生じ、国民の生活水準は上昇した。

1955年にチャーチルが引退した後、イーデン、マクミラン、ヒュームと保守党政権が13年間続いた。この間、保守党政府の経済政策は、いわゆる「ストッ

プ・アンド・ゴー政策」であった。すなわち、景気が過熱してインフレになると公定歩合や税率の引き上げ、公共支出の削減など、いわゆるデフレ政策を行い、景気が冷え込むとこの逆を行うことによって、景気変動を平準化しようとする経済政策のことである。それは既存の経済システムを前提とした制御ではあるが、安定成長を長期的に可能にする新たな経済システムの構築を目指すような戦略性はない。1964年の総選挙で労働党は13年ぶりに政権を奪還した。労働党は、選挙キャンペーンにおいて、保守党の「ストップ・アンド・ゴー政策」を批判し、科学技術の振興による産業の近代化と長期展望に基づく計画経済の実現を掲げて、経済の仕組みの転換を求める有権者を魅了したからである（村岡・木畑編1991、390頁参照）。

5．スタグフレーションと政治的不安定の時代

しかし、ウィルソン労働党内閣は、総選挙で掲げた産業・経済政策に取り組むことはできなかった。国際収支に膨大な赤字が生じ、政府はデフレ政策で対処した。また世界11カ国から30億ドルの緊急借款を行った。1965年、物価・所得庁を新設し、賃金上昇率の許容範囲を示す所得政策を行った。この所得政策は、有権者に好意的に受け止められ、1966年の総選挙で労働党は勝利した。

1967年に再び国際収支が悪化し、第二次ウィルソン内閣はポンド切り下げに踏み切った。しかし、同時に輸入減少を狙って、厳しいデフレ策を採用したことにより、ポンド切り下げによる輸入価格の上昇と相まって、国民生活は困窮した。1970年の総選挙は、労働党が敗れ、保守党が勝利した。

ヒース保守党政権は、戦後の福祉国家政策を根本的に見直し、改革しようとした。すなわち、「少なくとも経済への国家介入を縮小し、公共支出を削減し、所得政策を廃止し、減税をおこない、それにスト規制をふくむ労働組合対策を徹底的に進め、ウィルソン時代の政治のありかたに訣別しようとしていたのである。」（村岡・木畑編1991、403頁）しかし、所得政策の廃止によって労働組合は賃上げストに突入し、賃金は上がったが、それにともない物価も上昇した。生産や投資が鈍化し、失業率が上昇した。イギリス経済は、インフレの進行と総産出量の減少が並存するスタグフレーションに入った。ヒース政権はその対

策に失敗し、1974年2月の総選挙で、労働党が、辛勝ではあったが、勝利した。

　労働党が選挙で掲げた政策は「社会契約」であった。すなわち、「……政府が物価をおさえ国有化などを推進するかわりに、労働組合も無理に賃上げ要求をしないようにする、という一種の紳士協定」（村岡・木畑編1991、414頁）であった。第三次ウィルソン労働党政権のこの政策は、思ったような成果を上げなかった。スタグフレーションが猛威を振るい、イギリス経済は危機的様相を呈していた。1976年3月、ウィルソンは突然、辞意を表明した。後継のキャラハン労働党政権においても、「社会契約」政策が行き詰まり、自由党との「自由・労働協定（リブ・ラブ）」も頓挫し、保守党の提出した内閣不信任案が可決され、1979年3月、総辞職した。

6．サッチャー保守党内閣の登場と福祉国家政策の見直し

　1979年5月の総選挙で圧勝した保守党は、イギリス議会政治史上初の女性首相、マーガレット・サッチャーが政権の座についた。サッチャー政権は1990年まで、三期11年半に及ぶ長期政権であったが、この間、推進されたのは、第二次世界大戦後、労働党によって推進されてきた福祉国家政策の見直しであった。経済の立て直しのために、最初に取り組んだのは、インフレの抑制であり、ミルトン・フリードマンの景気循環の理論（マネタリズム）に基づいて、貨幣供給量のコントロールによってこれを実現しようとした。同時に、公務員の定員削減、教育費の抑制、競争力のない企業や地域への補助金カットなど公共支出の削減を行った。第一次サッチャー政権の経済政策は、所期の成果を上げられず苦戦したが、1982年に勃発したフォークランド戦争の勝利が追い風となって、1983年の総選挙に圧勝した。第二次サッチャー政権で本格化したのは国有企業の民営化であった。国有企業を私企業化し、市場の競争と淘汰に曝すことによって生産性の向上、コストダウン、事業転換などを促そうとした経済政策であったといえよう。1979年から1987年までの間に民営化された国有企業は、電信電話、自動車、ガス、航空機など15社以上に及んだ（村岡・木畑編1991、434頁参照）。サッチャーの経済政策は1987年〜1988年に成果を見せた。失業率が減少し、税収増で財政も黒字化した。インフレも問題なく、都市開発や消費ブ

ームに沸いた。

　サッチャー政権は、行政改革の面でも成果を上げた。NPM（New Public Management）改革である。NPMの基本的な考え方は次の通りである。「行政管理という特殊な管理手法は存在せず、官民を問わず、あらゆる組織は管理手法を共有できると想定している。政治への従属、公平、公正、平等など行政固有の倫理との兼ね合いに配慮する必要はあっても、行政組織における管理（administration）の相当部分が民間企業における経営管理（management）によって代替されうると考える。（略）NPM改革は福祉国家の限界と再編という共通の課題をもつ先進諸国に伝播していった。」（笠2017、36頁）。

第6節　結語

　近世以降のイギリスにおける公共サービスとその提供の仕組みの歴史的展開の事例から、本論の最初に掲げた考察課題に沿って、いくつかの命題を特定化し、若干の考察を加えて結語としたい。

(1)　中央政府や地方自治体の政策決定・実施の基盤である安定した国家統治の形態や制度は、長い時間の経過の中で形成される。その変化と安定化の過程には、革命、内戦、対外戦争といった血なまぐさい事象が伴いがちである。

(2)　安定した国家統治体制のもとで、中央政府や地方自治体の政策決定・実施が有効であるためには、例えて言えば、統計における母集団とサンプルの関係のごとく、国家や地域社会全体の課題と利害関係を、中央政府や地方自治体が操作可能な範囲に、縮約する必要があるだろう。普通選挙に基づく議会制度は、少なくともその原理において、今のところ、最も洗練された仕組であろう。ただ、この縮約の仕組みが、情報通信技術の進歩・進化によって今後、大きく変化する可能性はあるように思う。

(3)　政策実施のポイントは財源の確保にある。伝統的な方法は、増税や新税による課税と税収増である。税収増は、商工業の保護・振興や経済成長によっても得られる。また、国公債の発行と金融機関による引き受けによっても得られる。公共部門が何らかの事業を起業し、事業収入を得ることによっても得られ

る（例えば、横浜市広告事業推進担当編著2006参照）。全く新しい財源を発明することは、「財政革命」の事例に見るように、イノベーションの一種であるといえよう。

(4) 政策決定・実施は、現状に埋め込まれた問題・課題を解決・解消するために、現状に何らかの変化・変革、つまりイノベーションをもたらす。O'Reilly III and Tushman（2021）によれば、イノベーションには、漸進型（incremental）と不連続型（discontinuous）があるという。前者は、組織内に蓄積された知識に基づいて前進する深化型のイノベーションである。後者は、大きな変化、もしくは不連続な変化によって起こり、既存の組織能力が無効になるような技術進歩を通じて前進する探索型のイノベーションである。不連続型、探索型のイノベーションにはこれまでとは異なる知識基盤が必要である。大規模なイノベーションには偶然的な要素がつきまとうが、イノベーションへの投資効率を上げるには、イノベーションの制御ないしマネジメントの進歩によって必然的な要素を増やさなければならないだろう。例えば、産業革命は現在、第四次であるといわれるが、イギリスは第一次のみを先導したのに対して、アメリカ合衆国は第二次以降、すべての産業革命を先導しているのは、イノベーション制御・マネジメント能力の差なのではないだろうか。

(5) 最後に、日本の官僚・官僚制について一言しておきたい。これについては、行政学、政治学、社会学などの分野で優れた研究成果が蓄積されている。ここでは笠（2017）の終章からの引用を示す。

「「官僚制改革の条件」は、官僚制に対する政治の優位という民主主義の原則が十分に機能していることであるといえそうである。（略）ここで首相と有力政治家と幹部官僚の力関係が影響する。そして、首相が設定した改革目標をどこまで実現できるかも、首相を含む有力政治家と幹部官僚の力関係で決まってくる。要するに、「改革を意図したとおりに達成する」には、首相ら政治の力が官僚の力に優位しているという民主主義の原則が機能している必要があるということができよう。」（笠2017、281頁）

「政治の力」を高める今日的な方法は、知識の創造と共有ではないかと本論の筆者は考える。必ずしも真実ばかりではない知識の創造・共有を実践する組

織的能力において、日本の官僚機構は政治に対して大きく先行していると思う。政治が官僚・官僚制に対抗してそのような組織的能力を高める有力な方法の一つは、シンクタンクの活用であろう。その場合、既存のシンクタンクへの「丸投げ」は論外である。首相や首長は、時間とコストがかかっても、自前のシンクタンクの構築と不断のブラッシュアップに志向すべきであろう。「公民共創」[7]等、公共部門の調整機能に基づく多様な行為主体間のネットワークによる探索型の事業創造は、この文脈で、今後もさらに追求する価値があると考える。

（注1）筆者は、小松（2021）において、「コロナ・パンデミック」ではなく、「コロナ禍」という用語を使用した。すなわち、「本論文において「コロナ禍」とは、新型コロナウイルス（SARS-CoV-2）の感染によって引き起こされる急性呼吸器疾患（COVID-19）の世界的流行（パンデミック：pandemic）を指す。」（小松2021、13頁）。筆者は、「コロナ禍」と「コロナ・パンデミック」は同義であると考えている。
（注2）例えば、Christensen（2000）、O'Reilly III, and Tushman（2021）、Teece（2009）を参照。
（注3）政府・中央省庁や地方自治体といった行政機関が、国民や地域住民に対して提供するモノ・コト・情報・知識等の総体を指す概念としては、「行政サービス」「公共サービス」「公共財」などがある。これらの概念は、同義的、互換的に使用されているように思われるが、今後の論述の便宜上、以下、「公共サービス」を使用することにする。
（注4）以下の論述については、今井編（1990）を参照した。
（注5）西尾（2001）2頁参照。
（注6）二宮（2014）によれば、現代国家の構造は、第二次世界大戦後のイギリスで形成されたという（1頁参照）。本論では、第二次世界大戦後のイギリスに焦点を合わせつつも、それに関連する限りにおいてではあるが、第一次世界大戦から両世界戦間期をふくめて、現代イギリスとして時代区分をした。
（注7）河村・中川（2020）を参照。

【主要参考文献】
今井宏編（1990）『世界歴史大系 イギリス史 2 近世』山川出版社
河村昌美・中川悦宏（2020）『公民共創の教科書』事業構想大学院大学出版部
小松陽一（2021）「コロナ禍における政府および地方自治体の対応」『地方自治研究』Vol.36, No.1, pp.1-15.
佐々木信夫（2013）『日本行政学』学陽書房
西尾勝（2001）『行政学［新版］』有斐閣

二宮元（2014）『福祉国家と新自由主義 イギリス現代国家の構造とその再編』旬報社
村岡健次・木畑洋一編（1991）『世界歴史大系 イギリス史 3 近現代』山川出版社
横浜市広告事業推進担当（2007）『財源は自ら稼ぐ！』ぎょうせい
笠京子（2017）『官僚制改革の条件 新制度論による日英比較』勁草書房
Christensen, Clayton M.（2000）The Innovator's Dilemma: When New Technologies Cause Great Firms to Fall. Harvard Business School Press.（玉田俊平太監修『増補改訂版 イノベーションのジレンマ 技術革新が巨大企業を滅ぼすとき』翔泳社 2001年）
O'Reilly III, Charles A. and Michael L. Tushman（2021）Lead and Disrupt: How to Solve the Innovator's Dilemma, 2ndedition. the Board of the Leland Stanford Junior University.（入山章栄監訳『両利きの経営 増補改訂版』東洋経済新報社 2022年）
Teece, David J.（2009）Dynamic Capabilities and Strategic Management: Organizing for Innovation and Growth. N.Y. Oxford University Press.（谷口和弘その他訳『ダイナミックケイパビリティ戦略 イノベーションを創発し、成長を加速させる力』ダイヤモンド社 2013年）

あとがき

　COVID-19の収束が漸く見えてくるようになりましたが、その感染拡大は、私たちの生命身体を危険に晒しただけでなく、様々な社会変化の種子を撒き、過去に蓄積されてきたものを顕在化させ進行させたと言えるでしょう。世界や日本に及ぼす影響は、まだまだ全容を現しておりません。

　私たちの心の中に今も残る感染拡大への警句は「３密」です。感染防止を目的とした閉鎖空間・密集場所・密接場面の「３密」を回避せよとの政府スローガンは、私たちの日常生活に入り込み、誰もがお店での飲食を避け、人混みを避けるために不要な外出を控え、人と出会っても可能な限り会話を減らすように努めました。今回の「３密」回避の行動は、地域の「寄り合い」を減らし、社内の「飲みニケーション」を止まらせ、親族や友人の間で行われる「冠婚葬祭」の儀式を簡素化させました。

　これまで国や地方自治体は、近代化とともに失われつつあった人と人のつながりの強化を目的として、協働社会の実現、コミュニティの再生を目指してきました。それを実現するための代表的な取り組みが、集いの場の構築であり、伝統的な祭の復活や新たなフェスの開催であり、ふれあい喫茶・まちカフェや見守り活動でした。

　人々が屋内の一室に集まって、会話や飲食を共にすることは、その必要性の高い低いを問わず、本来人間らしい行動であります。人と出会い、飲食をし、語り合うことは、人と人のコミュニケーションの基本だからです。国や地方自治体が、いわばその真逆の取り組みをしなくてはならなかったことで、人と人のつながりの弱体化や信頼関係の希薄化が進むことが危ぶまれます。更なる社会の分断や不安定化に結びつくことも危惧されます。

　その一方で、今回の混乱を契機として、IT化・デジタル化が私たちの生活全般に亘って進み、人々はインターネットを通じて情報の交換を行い、緩やかな連携を築くようになりました。私たちはわざわざ出向いて顔を合わさずとも

用を足すことができるようになり、日常生活の利便性は飛躍的に高まりました。

注意すべきは、どんなものにも長所と短所があります。インターネットを通して交わされる情報は、ダイレクトで「遊び」が少なく、使い方次第で匿名性があります。またインターネットを通じた交流は、課題志向で部分的です。リアルな情報交換や交流が持つ機能を完全に代替してくれるわけではありません。この新しいツールを、人と人のつながりを創り、社会の安定と成長に寄与するものとなるように活用していくことが求められています。

時代とともに地方自治の課題は増加し、変化してまいります。記念誌のテーマとした「コロナ後の地方自治」についても、本書で扱ったテーマで終わりということはありません。そして私たち会員の役割も尽きることがありません。

最後になりますが、学会の役員任期は本年9月末で一旦区切りを迎えました。難しい時期にご活躍いただいた役員の先生方、活動していただいた会員の皆様、並びに日本地方自治研究学会40周年記念誌の発刊にご尽力いただいた皆様に心より感謝申し上げる次第です。

2024年12月

執筆者を代表して

橋本　行史

コロナ後の地方自治

2025年1月30日　発行

編　者	日本地方自治研究学会 Ⓒ
発行者	小泉　定裕
発行所	株式会社 清文社 東京都文京区小石川1丁目3-25（小石川大国ビル） 〒112-0002　電話03（4332）1375　FAX03（4332）1376 大阪市北区天神橋2丁目北2-6（大和南森町ビル） 〒530-0041　電話06（6135）4050　FAX06（6135）4059 URL https://www.skattsei.co.jp/

印刷：大村印刷（株）

■著作権法により無断複写複製は禁止されています。落丁本・乱丁本はお取り替えいたします。
■本書の内容に関するお問い合わせは編集部までFAX（06-6135-4060）でお願いします。
■本書の追録情報等は、当社ホームページ（https://www.skattsei.co.jp/）をご覧ください。

ISBN978-4-433-40864-0